U0932813

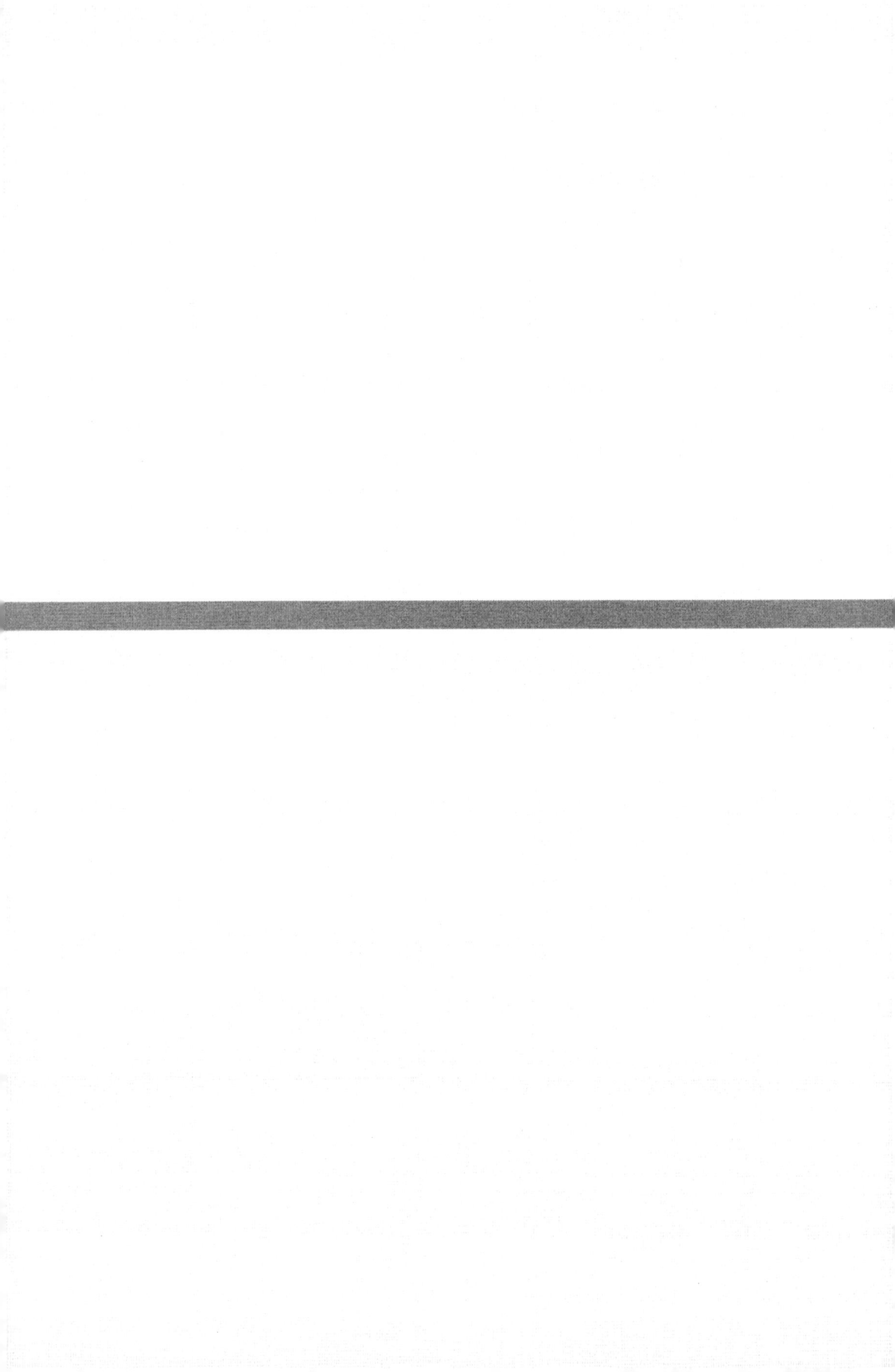

养老服务业管理理论与实践

——大连发展经验与启示

杨卫华 ◎ 著

中国财经出版传媒集团
经济科学出版社
Economic Science Press
·北 京·

图书在版编目（CIP）数据

养老服务业管理理论与实践：大连发展经验与启示／杨卫华著．--北京：经济科学出版社，2024.10.

ISBN 978-7-5218-6126-6

Ⅰ.D669.6

中国国家版本馆CIP数据核字第2024MH4886号

责任编辑：侯晓霞
责任校对：刘　昕
责任印制：张佳裕

养老服务业管理理论与实践
——大连发展经验与启示
YANGLAO FUWUYE GUANLI LILUN YU SHIJIAN
——DALIAN FAZHAN JINGYAN YU QISHI

杨卫华　著
经济科学出版社出版、发行　新华书店经销
社址：北京市海淀区阜成路甲28号　邮编：100142
教材分社电话：010-88191345　发行部电话：010-88191522
网址：www.esp.com.cn
电子邮箱：houxiaoxia@esp.com.cn
天猫网店：经济科学出版社旗舰店
网址：http://jjkxcbs.tmall.com
北京季蜂印刷有限公司印装
710×1000　16开　9.75印张　140000字
2024年10月第1版　2024年10月第1次印刷
ISBN 978-7-5218-6126-6　定价：45.00元

前　言

随着我国老龄化进程的加快，养老服务业已经成为社会发展的重要组成部分，对于维护社会稳定、推动经济可持续发展起到非常关键的作用。在这一背景下，本书旨在深入探讨养老服务管理的理论基础及其在大连市的具体实践经验，以期为其他地区养老服务业的发展提供参考与启示。

养老服务业涵盖了居家养老、社区养老、机构养老等多个方面，每个方面都有其独特的服务模式和相应的管理理论。本书系统地梳理了这些服务模式背后的理论基础，主要包括就地养老理论、家庭压力理论、家庭系统理论、社会支持理论、生活方式理论、辅助技术理论、能力—环境压力理论、社会老年学整合理论等，通过总结大连市在养老服务领域的实践经验，试图检验这些理论的适用性。

大连市作为中国东北地区重要的沿海城市，为了应对日益突出的老龄化问题，在居家、社区和机构养老服务领域的管理方面形成了良好的实践经验。本书深入分析了大连市在不同养老服务模式下的发展历程、关键影响因素、需求与供给情况，以及政策制定经验等内容，总结出养老服务管理实践与理论的契合点。

本书系统分析了大连市养老服务的多个维度，不仅总结了养老服务业在实际操作的发展成效，还试图探讨如何进一步拓展养老服务管理理论，结合理论检验结果和发展方向，提出未来养老服务的实践启示，为有效解决养老服务领域的问题提供思路。书中涵盖的养老服务管理领域包括：居家、社区和机构养老服务管理，养老服务人力资源管理，智慧养老服务管理，适老化改造，养老服务政策七个方面的内容。限于篇幅，还有一些重要的理论内容，例如养老服务风险管理、养老服务可持续发展管理、养老服务标准化管理等方面，没有在本书中提及，需要在未来进一步深入研究。

本书期望能够为我国养老服务业的管理者、政策制定者以及研究人员提供理论参考和实证研究基础，同时希望能够激发更多的研究力量，关注我国养老服务业的理论创新和实践经验的总结，进而形成合力，共同推动我国养老服务理论研究的持续开展。未来随着技术进步和社会发展，养老服务业还将面临更多新的挑战和机遇。本书所总结的大连市在养老服务管理领域的经验，希望能为相关实践人士提供一定的参考，为提升我国养老服务管理水平起到借鉴意义。

笔者所在单位大连工业大学管理学院在辽宁省社科联支持下连续十年承办“辽宁老龄产业论坛”，秉持着“大健康管理”的学科发展方向，在养老产业管理领域不断探索研究，积累了一定的数据和研究成果，也为本书的完成提供了重要的支撑。如果读者希望与笔者深入探讨养老服务管理的研究，敬请联系（Yangwh@ dlpu. edu. cn）。

杨卫华

2024 年 6 月

目　　录

|第一章|

居家养老服务的理论与实践

第一节　居家养老服务的相关理论

一、“就地养老”理论

“就地养老”理论（aging in place theory）探讨了随着时间的推移，人们如何与居住环境互动，以及老年人选择居住地点的方式。该理论强调了为老年人提供在家养老服务的重要性，旨在使老年人能够随着年龄的增长，尽可能不脱离原有的居住条件，继续生活在自身熟悉的家庭环境中。就地养老理论的目标是通过让体弱的老年人尽可能晚进入养老机构，从而推迟转移到长期护理环境的时间。“就地养老”也被称为“就地老龄化”，意味着不论年龄、收入或身体健康状况等个人条件，人们都能够在自己的家庭和社区中安全、独立、舒适地生活，而无需入住到养老机构。与居住在养老机构的环境相比，“就地养老”能够更好地维持老年人的独立性，并帮助其与朋友、家人等社会支持网络保持着密切的联系。

世界卫生组织将“就地养老”定义为：通过提供适当的服务和援助，使人们能够在当前的家中或在适当的住房条件下，保持相对独立的社区生活。这一概念的核心是允许老年人在自己选择的居所中安度晚年，因为这样有利于保持个人的自主性，维持原有的社会联系，对老年人的生活质量将会产生积极的影响。“就地养老”的基础在于保持独立性、具有一定的自理能力、对居住环境的控制权，以及具备提供辅助生活设施（如支持性老年住宅）的条件，以上都是维持老年人能够在家庭和社区中保持独立生活的关键因素。

“就地养老”不仅关系到老年人对特定家庭环境的感情依赖，也涉及老年人在社会、政治、文化和个人层面的变化中如何重新融入环境，并重新定义自己的意义和身份。国家在健康或社会服务等各方面的政策会对家庭产生影响，决定着残疾人或弱势群体是否能够获得必要的支持，以及社区基础设施和家庭环境的老年友好水平。这里提到的家庭环境超越了物理居住空间的概念，它为老年人提供了保留生活历史意义，即使老年人患有慢性病或残疾，也可以通过这种意义来保存社会身份。

老年人认为“就地养老”是对自己的生活安排、良好的服务和便利设施、保持当地人之间的社会联系和互动、在家中和社区中感到安全感，以及独立和自主感的一种选择。从老年人及其家庭的视角看，多数老年人更愿意尽可能长时间地留在自己的家中，因为这为他们提供了对生活的控制，使他们能够保持自己的身份和幸福。而搬迁则意味着失去社会关系、日常生活和生活方式的改变、遗留个人物品以及失去独立性。

尽管基于护理和住宿成本的考虑，“就地养老”通常被视为一种相对于养老院护理更为经济的选择，但当涉及评估家庭护理的隐性成本和潜在需求时，确定其真实成本与效益的比值将变得复杂。因此，是否将家庭帮助当作一种节省成本的实际选择，还需要进一步考量，这取决于可用的服务组合，及其是否满足养老服务标准。从政策制定者的角度来看，机构护理比在社区和老年人家中提供护理要昂贵得多。因此，养老机构服务的高额公共支出促使政策制定者和专业人员提供替代方案，以便为社区中的体弱老年人提供支持。这种情况强调了实施成本效益更高的养老服务模式的重要性。

有研究调查结果表明，绝大多数老年人希望在家人和朋友的陪伴下，在自己的家中度过晚年，尽可能长时间地保持自主、活跃和独立的生活状态。对许多老年人而言，搬迁到养老机构被视为一种负面的事件，因为这代表着老年人将失去自主权和重要的生活价值。同时罗森沃尔（Rosenwohl，2018）研究结果显示，在 50 岁及以上的人士中，有 95% 的人更愿意留在当前的住所中，而不愿意进入机构接受养老护理，因为机构护理被当作是最不得已的养老选择。然而，在那些声称自己的家庭环境目前已经无法满足其身体需求的老年人群体中，还有 62% 的人表示希望能在原有的适当环境中继续居住。因此，从道德经济的角度考虑，尽管成本较高，支持老年人在原有家庭中度过更长时间仍被视为一个有价值的社会目标。“就地养老”不仅局限于个人在自己的家中养老，还包括了留在当前的社区，居住在自己选择的住所中。

现有研究指出老年人从社区住宅转移到养老机构的主要因素包括：健康状况的恶化（身体和认知功能障碍）、社会人口学因素（如年龄增长和独居）、家庭和周边环境的无障碍性差、服务的缺乏、护理质量低下、生活条件不良和居住环境恶劣。为了促进“就地养老”，必须消除环境中的障碍因素，具体措施包括：改善室内物理环境和提供适宜的住宿条件，以提升家庭环境的可及性、可用性和安全性；减轻活动难度，并提供社会支持及护理服务，增强老年人的独立生活能力等。充足的社会支持资源和广泛的家庭网络可以降低进入养老机构的风险，从而增加就地老龄化的可能性，而缺乏社会支持则会增加入住养老机构的风险。

目前有关老年人“就地养老”决策的影响因素的研究成果不多，主要观点是个人的健康状态、功能能力、社会经济地位、群体和文化背景、家庭环境、社会支持和互动、社区服务、流动性水平等因素都会产生影响。集体主义文化背景下（如在亚洲）的研究表明，“就地养老”决策通常由个人、家庭和临床医生共同作出，在长期护理保险制度的实施后，人们更倾向于考虑就地老龄化的个人偏好。文化因素、老年人的价值观、信仰和种族等也影响“就地养老”的选择。此外，邻居和社区也是支持人们在原有环境中居住能力的关键因素。一项纵向研究发现，随着年龄的增长，人们的居住流动性降低，对社区的依恋和归属感会不断增强。为实现社区中的就地老龄化，有必要建立适老宜居社区，将物理设计、社会结构与所有年龄群体的社会需求结合起来，提供可负担的适宜住房和支持性服务，以及实现独立生活和社会参与的交通设施。

养老机构的支持为老年人能够留在自己的家中提供条件。如果当地的老年护理机构与家庭建立联系，评估每位老人的情况，并在其家中提供所需服务，将有助于提高居家养老的可能性。此外，数字技术的应用，包括远程监控和辅助生活设备等，也是影响“就地养老”决策的一个重要因素。尽管面临隐私、数据过载和支持反馈系统不足等诸多挑战，但是技术进步和护理系统的创新设计有望缓解这些问题。

还有的研究引入了就地安全老龄化（safe aging in place，SAIP）概念，指老年人即便面临逐渐增加的障碍，也能成功且舒适地留在自己的家中。这些障碍可能包括身体、医疗、心理和社会心理因素，它们单独或共同影响老年人安全老龄化的能力。然而，“就地养老”也可能带来一些负面影响，如及时护理服务的缺失、适应家庭环境压力的增加，以及不足的适老化住宅改造等，这些都可能降低老年人居家养老的生活质量。

在实践中，存在几种替代就地老龄化模型的社区实验。一种替代为“自然发生的退休社区”（naturally occurring retirement community，NORC）原本不是为老年人规划或设计的住房开发项目，但随着时间的推移，该项目逐渐演变成为老年人为主的居住社区。NORC 与家庭护理服务机构、交通公司、医疗保健提供商以及当地学校等签订合同或建立合作伙伴关系，以使 NORC 成员更容易获得和负担得起养老服务。NORC 的形成源于三个总体趋势：人们在年轻家庭和抚养子女的家庭中继续老龄化；由于年轻人的“外移”，老年人成为社区中的主要年龄群体；老年人重新安置或“迁移”到退休目的地。

另一种替代就地老龄化方法的模式是“村庄模式”，由一个组织将 50 岁及以上的人与服务资源联系起来，通过与养老服务商进行谈判和合作，为其付费会员提供社会和文化活动、健康计划、家庭维护服务以及医疗保健等选择。

还有一种是校园附属住宅模式，是将老年人与高等教育机构联系起来的一种模式。依托该模式，老年人有机会参加大学的正规课程，获得医疗保健服务，实现辅助生活和长期护理设施与独立生活设施合用，并得到临终关怀。老年人选择住在这些社区，因为他们靠近丰富的教育和文化资源，还可以拥有高质量的大学附属医院，提供高质量的医疗服务。

这些替代模式的特点是老年人不再是服务的被动接受者，而是积极的消费者，他们接受组织提供的服务，并可能向他人提供支持和服务。

二、家庭压力理论

家庭压力理论（family stress theory）探讨了家庭在面临巨大压力时，可能经历的负面变化。遇到较大压力时，虽然家庭仍在维持运转，但其成员已接近其应对极限。如果此时得到支持以加强抵御负面变化的能力，家庭可能有能力承受压力并恢复到一个新的平衡状态，或发展到一个更加脆弱的平衡状态。家庭压力并不总是导致危机，但当危机发生时，家庭系统因为变化过于剧烈、干扰过大或压力过重而失去了应对能力。与危机相比，创伤对家庭带来的影响更为严重，因为危机过去后家庭会重新处于平衡状态，而创伤可能会持续很长一段时间，产生高度的破坏和痛苦。虽然不是所有家庭都经历创伤，但在整个生命过程中，所有家庭都会经历压力。家庭压力理论旨在解释当遇到危机时，为什么一些家庭运转良好，而另一些家庭运转不佳。

随着年龄的增长，老年人会面临一系列与年龄相关的压力，包括慢性疾病、认知障碍、照护责任的压力、机能下降和经济困难等。随着老年期变得更加漫长、个性化，家庭也面临着新的脆弱性和风险。家庭作为风险吸收者和风险创造者，通常是承担这些风险成本的主要机构，为老年人在生命的后段历程中提供必要的帮助和保护。

根据家庭压力理论，对于居家养老而言，建立和维护一个有效的养老支持网络至关重要，这些支持主要来自家庭成员、朋友、社区资源和专业的护理服务机构。因此，为了应对家庭面临的养老压力，有必要引导老年人或者其家庭制定相应的居家养老计划，该计划要涉及识别潜在的养老压力源、评估家庭成员应对养老压力的能力，制定家庭养老资源的配置方案，以防止养老压力升级为更严重的家庭创伤。此外，还可以通过外部培训，不断提升家庭成员适应养老压力的能力，以增强家庭面对老年人护理挑战时的灵活性。面对居家养老的持续压力，家庭需要形成长期有效的应对策略，包括培养积极的应对措施，利用外部资源和服务，以及促进家庭内部的情感支持等。

罗伯特·库利·安吉尔（Robert Cooley Angell，1965）基于融合度和适应性研究了家庭对财务和损失的反应。融合度是指家庭成员之间的亲密度、情感联系程度和财务相互依赖水平；适应性是指家庭成员在决策、解决问题、角色和规则方面的灵活程度。罗伯特的研究结果表明社会融入良好且能够调整角色以满足形势需要的家庭，更能有效地应对大萧条时期遇到的压力。

居家养老所处的情境经常会发生各种变化，这需要家庭成员能够灵活适应新的挑战。适应性强的家庭更能有效地解决养老问题，实时动态地调整家庭照护老人的策略，以应对由于老年人健康状况变化导致的各种压力。此外，家庭还应该积极寻求外部支持资源，例如社区支持服务、医疗和护理资源，以及其他可用的养老服务帮助，通过扩展家庭之外的支持网络，保障家庭养老照护质量的可持续性。

鲁本·希尔（Reuben Hill，1958）提出了 ABC - X 家庭压力模型，该模型构成了家庭压力理论的基础。ABC - X 模型的四个元素包括：A—压力源或激发事件，B—家庭拥有的资源或力量，C—家庭对事件的看法，X—压力事件的结果（应对或危机）。ABC - X 模型认为，压力事件在家庭对其赋予特定意义之前是中性的，主要由消极或积极的事件引起。压力源事件对增加家庭的压力水平的程度是不确定的，其大小取决于事件的严重程度及家庭对事件的看法。外部资源有助于家庭决定如何应对压力事件，而家庭对事件的感知则反映了家庭作为一个统一而独特系统的性质。当家庭系统运行受到阻碍，或干扰非常强烈以至于家庭失去应对能力时，压力将导致家庭危机。鲁本·希尔描述了家庭面对压力时的四个阶段：危机、混乱、复苏和重组。哈密尔顿（Hamilton McCubin，1988）在 ABC－X 模型的基础上，提出了双 ABC－X 模型，增加了危机前和危机后的阶段，强调了时间在家庭应对压力过程中的作用。

家庭从所面临的事件中定义什么是压力，压力对家庭的意义随着文化、信仰和价值观而发生变化，同时种族、民族、性别和社会经济地位也可以决定压力源事件的意义。每个家庭都可能面临重大风险，风险通常呈螺旋式下降，一种风险导致另一种风险这种连锁风险通常与满足家庭需求的资源不足有关。当需求得不到满足时，会产生更多问题，从而增加风险。当可用资源相对家庭成员的需求太少时，需求能力失衡就会出现，从而使家庭陷入危机。

根据 ABC－X 家庭压力模型，在居家养老中需要提前识别压力源，包括老年人的健康问题、照护者的负担、经济压力或者是家庭成员之间的关系问题等，评估居家养老可能为家庭带来的压力水平，根据压力和应对能力之间的匹配情况，相应增强应对居家养老压力的家庭资源，提前判断照护需求会随时间发生变化的事实，为家庭养老危机发生前做好准备，并在危机后找到恢复家庭新常态的方法。

三、家庭系统理论

家庭系统理论（family system theory）将家庭视为一个复杂的社会系统，强调成员间的相互作用及其与家庭所处环境的互动。这一理论认为，家庭成员相互关联，构成了一个整体系统，而非孤立的个体。因此，家庭中一个人的任何变化都可能影响整个系统，甚至可能导致其他成员的变化。家庭在个体的情感和身体健康方面起着关键作用，大多数人一生中都与自己的原生家庭保持联系。家庭对日常生活产生重大影响，通过成员聚集一起的形式来共渡难关。家庭系统理论突出了家庭是一个连续的实体，有规则、信仰和价值观，随着时间的推移塑造家庭成员。

家庭系统理论将家庭视作一个有组织的整体，强调家庭内部各子系统之间的相互依存性质。根据这个理论，家庭被看作是层次分明、由不同成员和关系组成的结构，具有自我调节和自我组织的能力。自我调节关乎家庭通过稳定的互动模式维持平衡，如在冲突后能够调整回典型的低冲突状态，而自我重组则涉及家庭对环境变化的适应能力。

根据家庭系统理论的观点，在居家养老中老年人的健康和福祉不仅是个人关注的问题，同时也是整个家庭需要共同关注的问题。因此，居家养老计划必须从整个家庭的角度来考虑养老需求的满足，使得养老计划不仅支持老年人，也能支持其他家庭成员的情感和物质需求。家庭还需要作出动态调整来适应老年人养老需求，包括调整家庭成员的角色、沟通模式和日常活动安排等方面。通过有效的自我调节和重组，家庭可以更好地应对老年人养老带来的挑战，进而维持家庭的稳定和谐。

家庭系统理论认为家庭功能包括日常照顾、社区参与、经济支持和精神鼓励等方面，展现了家庭行为的多样性与复杂性，这些功能随着个人的喜好、兴趣和家庭的资源而变化。在支持心理健康问题的家庭个体成员时，也应关注整个家庭及其复杂的互动子系统，包括家庭结构、成员角色、沟通模式、界限和权力分布等，这些系统决定了人际关系的形成、维持和分解，以及家庭冲突和代际问题的传递。

基于此，在居家养老中，了解家庭系统的运作方式对于制定有效的家庭养老计划非常重要。例如，在养老计划中明确家庭成员的责任、建立成员间健康的沟通渠道、维护适当的关系界限等，都是支持老年人在家庭环境中安全、舒适生活的关键因素。

家庭系统理论进一步指出，家庭成员之间的交流在特定时刻的互动中形成，这些互动模式创造和延续了家庭中出现的各种行为。因此，家庭成员个体的行为不仅受其内部心理因素的影响，而且更多地会受到其在家庭系统中角色和地位的影响，包括角色期望、界限设置、情感需求、联盟构建、冲突处理、家庭文化和信念系统等因素。

因此，促进积极健康的家庭互动模式，有助于提升老年人的情感支持水平，减少家庭养老资源配置中发生的冲突，提高整个家庭对养老压力的适应能力。鼓励家庭成员共同参与养老护理的决策过程，形成相互支持彼此以及共享家庭资源的格局。

家庭系统理论也强调家庭系统内要建立反馈机制，包括自我纠正和自我强化的回路，该机制对于促进家庭健康运行具有重要作用，为解决居家养老中的问题提供了思路。为此，在居家养老中，家庭需要定期评估养老护理计划的有效性，根据老年人的健康状况、家庭的资源和外部环境的变化进行相应调整。通过这种反馈机制，家庭可以持续改进养老支持的效果，实现对老年人需求的动态性满足。

第二节　大连市居家养老服务的实践

为了检验大连市老年人居家养老实践与以上理论的契合度，本研究设计了大连市居家养老调查问卷，分别对大连市居民和养老机构开展调查，最终面向居民发放调查问卷 7628 份，有效率 100%；面向养老机构发放调查问卷 367 份，有效问卷 318 份，有效率 86. 6%。调查问卷的发放数量和回收率都达到基本要求，养老机构的发放数量接近全市机构的总量，居民发放数量接近 60 周岁老年人口的 5‰。

本次调查的老年人年龄在 75 岁以下的占 75. 7%，年龄越大，相应被调查到的老人的比例越小，说明被调查老人在年龄分布上符合老年群体的实际情况。被调查老人的健康状况为自理老人占比最多，为 86. 9%；半自理老人占比 11. 2%；完全不能自理的老人占比最少，为 2. 0%，这个比例分布符合老年群体的身体健康状况特点。

一、选择居家养老方式的关键影响因素

1. 绝大多数老年人选择居家养老方式，即便是失能老人选择居家养老的意愿也较高。被调查老年人中有 97.4% 选择居家养老的方式，有 1.6% 的老人选择社区养老，只有 1% 的老人选择机构养老的方式，这个结果进一步证实了就地养老理论的有效性和重要性，也与现有研究给出的 95% 选择就地养老的结果相似。

即便是半失能和失能的老人，亲属反馈的养老方式中还有 93.1% 的人选择的是居家养老，这与“就地养老”理论强调的具有一定自理能力的基础不一致，究其原因在于中国文化中家庭照顾老年人是一种传统和责任，老年人能够得到来自家庭成员、邻居和社区提供的必要支持，加上日益普及的家庭医疗健康监测、紧急呼叫系统等，使得身体能力不是中国文化背景下居家养老方式的必要条件，这个结果提示养老文化在“就地养老”理论中是一个调节变量，理解和考虑养老文化的因素对于设计和实施有效的就地养老策略和服务至关重要。以下居家养老方式选择的影响因素实证结果是在同一区域和文化背景下得到的，如果涉及养老文化差异大的跨区域研究，则要将文化因素纳入理论分析过程中。

2. 老年人的健康状况、年龄、经济条件、家庭支持是选择居家养老的影响因素。调查中用老年人身体失能程度作为健康状况的表征，采用对应分析方法，结果表明老年人选择养老方式与自身身体状况存在显著的相关关系。如图 1.1 所示，从二者的对应分析图中发现，当老年人的身体状况为自理时，选择居家养老的比例最多，半自理老年人选择居家养老的比例下降，完全不能自理老年人除了选择社区养老之外，也较多选择养老机构养老。身体失能程度和养老方式选择的顺序相关系数 *Somers'd* 为 0.226 且 P 值小于 0.001，身体机能越差越倾向于选择机构养老。养老方式在数据中分别用 1 = 居家养老、2 = 社区养老、3 = 机构养老来标识，取值越大越偏离就地养老的目标。

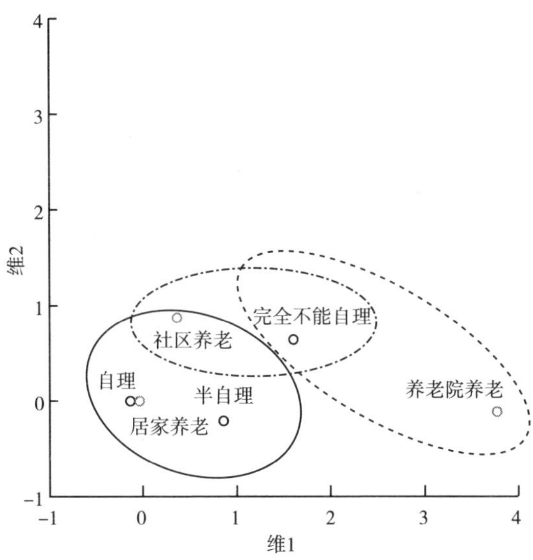

图 1.1　老年人健康状况与养老方式选择的关系

60～70 岁的老年人是选择居家养老或者社区养老的主体，占比都在 50%以上，71～75 岁的老年人选择就地养老的比例大幅下降到 20%，76 岁以上老年人选择居家养老的比例就降低到 5%～10%，这个年龄段选择机构养老的比例在 18%左右变化（见图 1.2）。年龄段和养老方式选择的顺序相关系数 *Somers'd* 为 0.148 且 *P* 值小于 0.001，说明年龄越大越倾向于选择机构养老。根据以上结果，75 岁可以被视为一个相对的门槛，提示家庭和个人需要开始考虑未来可能出现的照顾需求和养老方式的转变，经过这个年龄点之后，出现诸如老年人身体失能等家庭压力时，老年人的养老方式选择有可能发生显著变化，突出了提前规划养老方式的重要性，特别是对于那些即将或已经达到这个年龄阶段的老年人和其家庭而言。

用退休金或者养老资金水平来衡量老年人的经济条件，如图 1.3 所示对应分析结果表明，在资金水平相对较低的条件下，多数会选择居家养老，在资金水平相对高的条件下，机构养老也会成为一种备选的养老方式。二者的顺序相关系数 *Somers'd* 为 0.099 且 *P* 值小于 0.05，说明经济状况越好越有条件选择机构养老。当老年人的退休金或者养老资金水平在每月

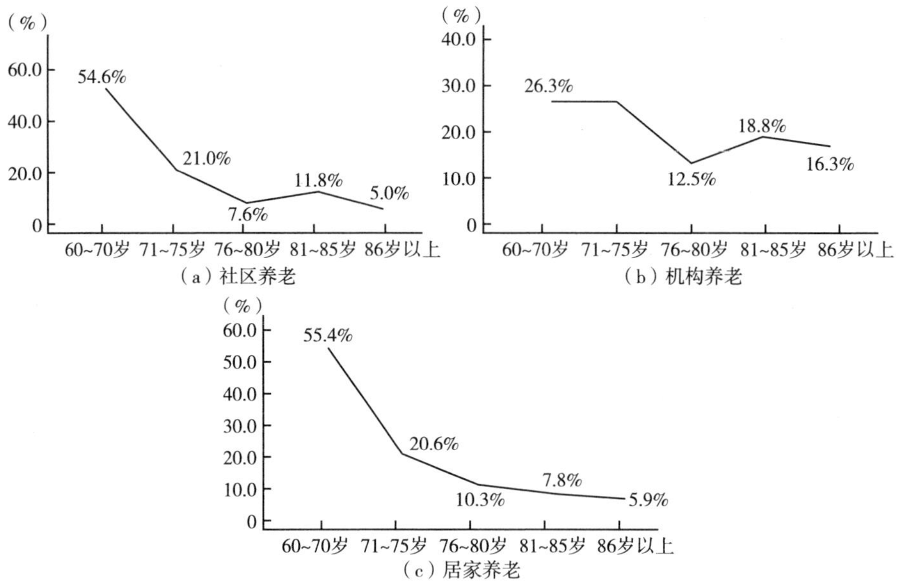

图 1.2　不同年龄段养老方式选择的比例

6000 元以下，多数情况倾向于选择居家养老；当资金水平上涨到 6000 ~ 8000 元，养老方式除了居家养老之外，可以进一步选择社区养老或者机构养老；每月养老资金达到 8000 元以上的老年人，会选择机构养老或居家养老的方式，以寻求更高质量的养老服务。

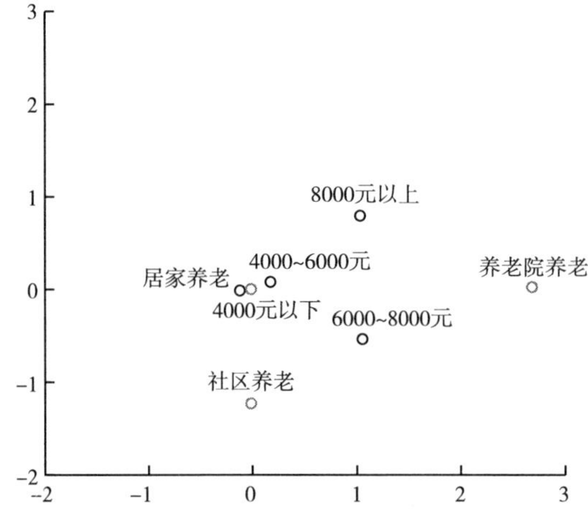

图 1.3　老年人退休金水平与养老方式选择的关系

衡量老年人得到的家庭支持可用的维度较多，本研究选择了老年人的居住陪伴方式、受照料方式、子女数量三个维度来测量。如图 1.4 所示，对应分析表明与老伴或子女同住的情况下，老年人选择居家养老的情况居多，独居老人虽然也有选择居家养老方式，但是不能完全满足养老需求，还需要借助养老机构实现养老。在有亲属的陪伴下，老年人选择居家养老的比重达到97%以上。对于独居老人，虽然选择居家养老的比重仍然较高，但是比例出现下降，同时有 3.4% 的老年人选择机构养老。

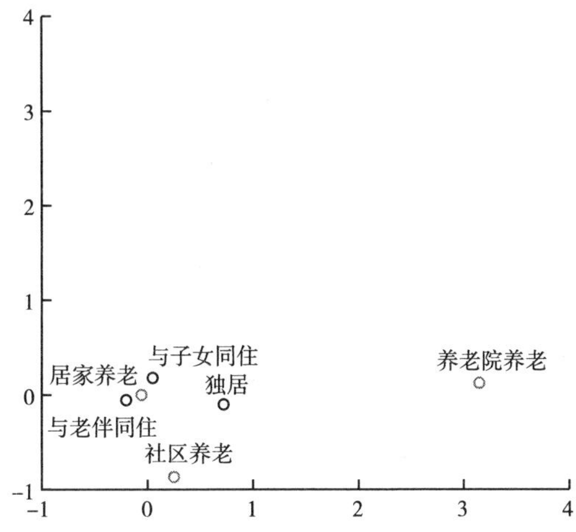

图 1.4　老年人居住情况与养老方式选择的关系

如图 1.5 所示，对应分析结果表明老年人的照料情况是选择养老方式的相关影响因素，在有配偶、子女照顾的条件下，老年人具备了居家养老的受照护条件，多数老年人会选择居家养老。在有其他亲属照顾的情况下，与配偶、子女照顾相比，老年人对照护的安全感下降，选择社区养老的比例有所增加。在只有保姆照顾的条件下，老年人对照护的安全感和稳定感进一步下降，更多会倾向选择机构养老的方式。以上两个维度与养老方式的 *Cramers' V* 系数的 *P* 值都小于 0.001，表明关联关系表现显著。此外，老年人子女数量与养老方式存在关联，在无子女或子女相对较少时，选择机构养老的比例增加。

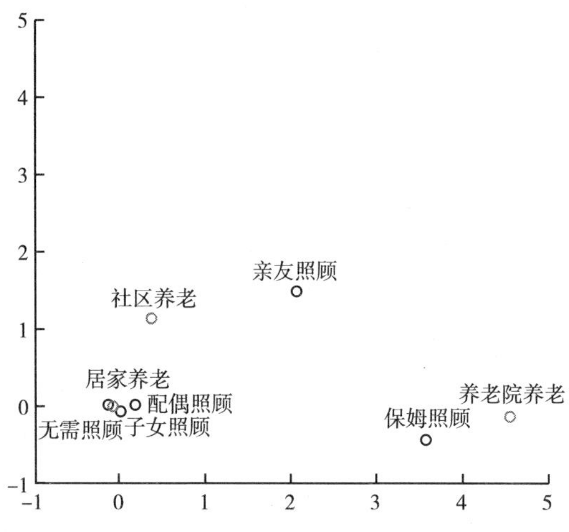

图 1.5　老年人照料情况与养老方式选择的关系

3. 社区支持对居家养老决策会产生显著影响作用，护理服务需求、智慧养老设施、家庭适老化改造需求等尚未表现出显著影响。社区支持采用送餐上门、助浴、日托或全托、志愿服务四个维度来测量，因为这些是通过选择是不是最需要的服务来测量，如果老年人选择该维度则表明社区尚未满足相应的需求。四个维度与养老方式的顺序相关系数 *Somers'd* 分别为 0.092、0.114、0.074、0.133，相应的 *P* 值小于 0.001，表明这些社区服务要是得不到满足会导致放弃居家或社区等就地养老方式，倾向于选择机构养老。

居家护理服务需求、智慧养老设施使用情况与养老方式选择的顺序相关系数虽然表现显著，但是系数取值为负数，呈现了与选择居家养老意愿的反向关系，表明如果护理需求和智慧养老设施使用超过某个临界点，意味着居家养老条件过于依赖外部资源支持，反而会增加选择机构养老获取稳定照料服务的可能性。

居家养老设施适老化改造需求与养老方式选择的顺序相关系数 *Somers'd* 相应的 *P* 值为 0.381（大于 0.01 的显著性水平），说明目前被调查老年人尚未将家庭物理环境作为居家养老决策的关键影响因素之一。

二、居家养老服务的需求层次和供给情况

1. 老年人的居家养老服务需求分为四个层次，其中需求最大的是家政服务和送餐上门，其次是参加老年社会组织、休闲娱乐服务、紧急救助和代办事务。图 1.6 的调查结果表明，老年人在家政服务和送餐上门的需求程度最大，在众多的居家养老服务中，选择这两个服务的比例分别是 16.8% 和 11.6%，说明解决老年人吃与住的问题是居家养老服务首要关注的事情，符合马斯洛需求层次理论中生存需求是第一需求的规律。本层次的养老需求可以被看作是家庭面临的日常压力源，它们直接影响家庭的日常运作，并且这种压力源是普遍存在的，因为所有老年人都会面临饮食和住宿等基本的生存需求。

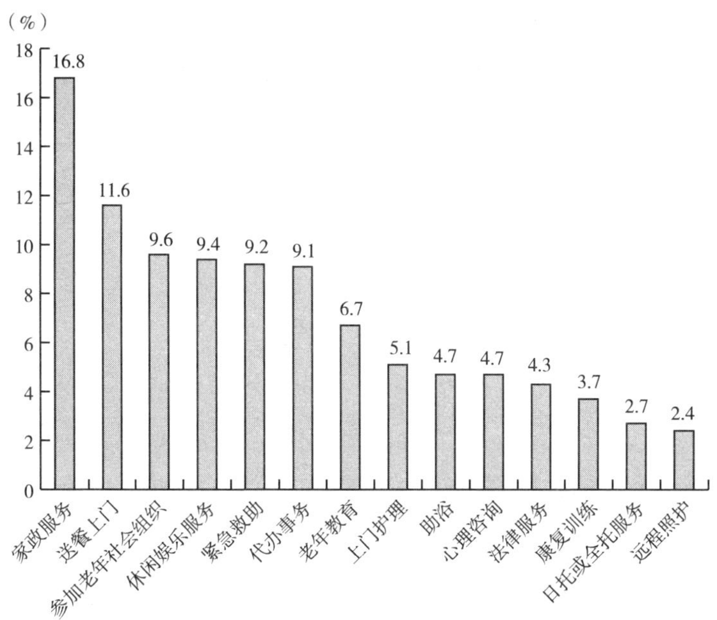

图 1.6　老年人对居家养老服务的需求程度排序

第二个层次的需求为参加老年社会组织、休闲娱乐服务、紧急救助和代办事务，这些服务被选择的比例在 9% ~10%，可以概括为安全需求和

情感需求。如果本层次的需求未被满足，会给老年人带来社会参与和情感支持缺失的压力。这种压力源带来的需求满足感不足程度可能受到个体差异的影响，因此相对于第一层次的需求而言，其产生影响的普遍性略低。

第三层次的需求为老年教育、上门护理、助浴、心理咨询和法律服务，这些服务需求被选择的比例在4%～7%，可以归纳为实现自我价值、受尊重和审美需求。如果这一层次需求得不到满足，会给老年人带来个人发展与尊严保障缺失的压力。一般来说，这种压力源存在的范围在老年群体中处于中等水平，因为它们既不如生存需求那样基本，也不像安全和情感需求那样普遍。

第四层次的需求为康复训练、日托或全托服务、远程照护等，这些服务需求被选择的比例小于4%，是失能老人需要的服务，不过由于社区内失能老人的数量相对较少，导致类似康复、照护服务被选择的比例最小。倘若该层次需求得不到满足，就会使得老年人缺少高级照护与医疗支持，这种压力源主要针对特定群体，例如失能或半失能老人，因而其普遍性相对最低。

2. 对于失能老人来说，上门护理、助浴、康复训练、紧急救助、送餐上门和家政服务的需求程度相对较大。对于失能老人而言，需求层次理论中生存需求上升为最为重要并且服务内容更多的需求，除了对送餐、家政等有需求之外，维护老年人的身体健康状态的服务，例如上门护理、助浴、康复训练、紧急救助服务的需求相比自理老人而言表现得更为重要（见图1.7）。这种情况下，家庭压力理论中的压力转变为危机的分析框架尤为适用，面对失能老人的高度依赖，家庭需要动用更多的资源，包括时间、金钱和精力，来满足这些增加的需求。如果家庭资源有限，这种压力可能迅速转化为危机，特别是在没有足够的外部支持（如社区服务、政府援助）的情况下。

3. 养老机构开展最多的居家养老服务是送餐上门、日托或全托服务、助浴和上门护理，其次是家政服务、心理咨询、康复训练和代办事务，紧急救助和远程照护提供的比例最少。养老机构在送餐上门、日托或全托服

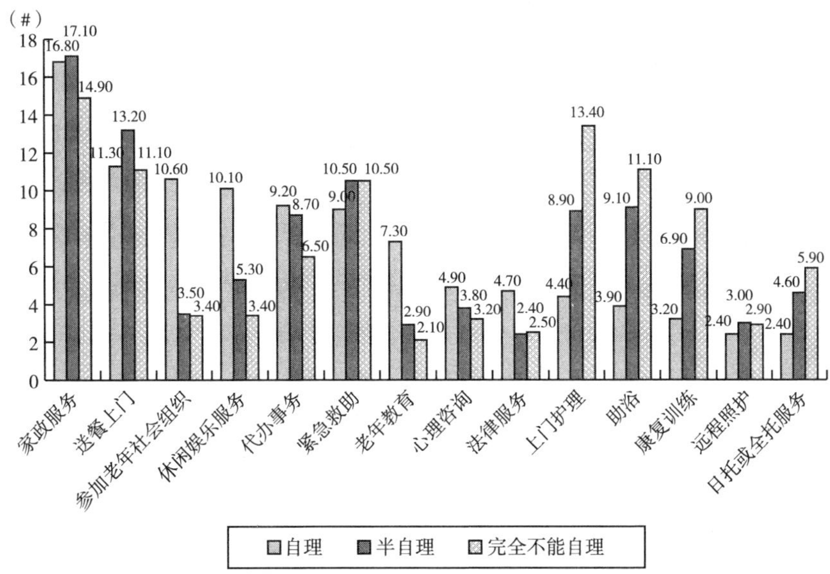

图 1.7　不同身体类型的老年人对居家养老服务的需求程度

务、助浴和上门护理等方面提供的服务所占比例相对较多，这些服务开展相对较为容易，并且都是养老机构日常业务范围内的服务，如图 1.8 所示。

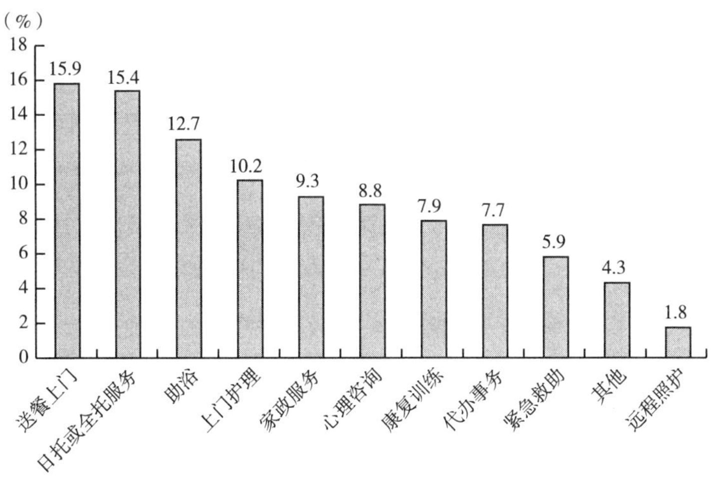

图 1.8　养老机构开展各类居家养老服务的比例

养老机构在家政服务方面的提供比例相对较少，主要原因是这个居家养老服务的供给主体是市场内各种家政服务机构。在心理咨询和康复训练两个方面，因为需要具有专业资质的心理咨询师和执业医师，这部分人员在养老机构内属于紧缺人才，造成提供服务的比例较低的局面。

在紧急救助和远程照护两个服务内容上，因为需要机构具有实时监测老年人身体状态的智慧养老系统，多数机构尚不具备这个条件，也是这两项服务开展比例较低的原因。

4. 居家养老服务需求和供给匹配较好的是送餐上门、代办事务、紧急救助、远程照护，在家政服务上养老机构的供给还不能与较高的需求相匹配，在上门护理、助浴、日托或全托服务上养老机构的供给比例要超过需求的比例。将老年人对居家养老服务的需求比例和养老机构开展居家养老服务的比例进行对比分析，绘制供需关系如图 1.9 所示。结果表明，送餐上门服务的供给需求的比例都相对较高，属于老年人需求程度高、供给程度也高的居家养老服务。

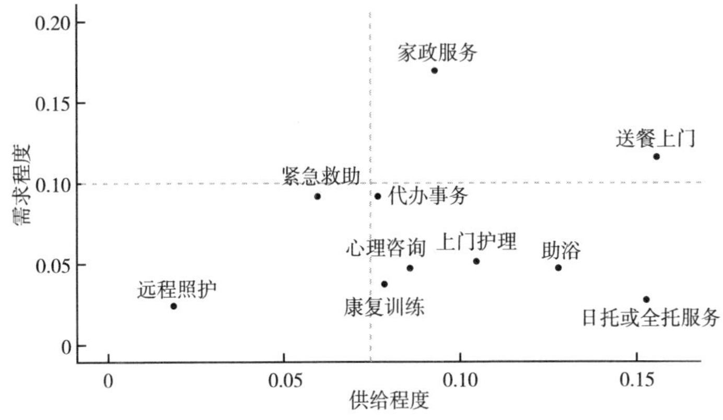

图 1.9　各类居家养老服务的供给需求关系

代办事务、紧急救助、远程照护的供给需求比例相对接近，属于供需均衡的居家养老服务，尤其是远程照护的需求比例和供给比例都最低，说明在此项服务上养老机构的业务开展符合市场需求。

上门护理、助浴、日托或全托服务上养老机构的供给比例要超过需求的比例，说明未来在这些居家养老服务内容上，需要进一步提质增效，吸引更多的老年人接受外部机构的服务。

在家政服务上，老年人的需求比例超过养老机构的供给比例，主要原因是家政服务的供给主体是家政服务机构，养老机构在这方面并不具有业务优势。

三、大连市居家养老服务的实践经验

1. 始终坚持并不断巩固家庭养老的基础地位，构建“1 + N”居家养老服务设施网络，将提升居家养老服务质量作为发展重心。为了满足老年人就近养老的需求，大连市从 2014 年提出街道和社区设立居家养老服务中心以来，逐步发展到 2018 年开始建设内设嵌入式小型机构或护理区的居家社区养老服务示范中心，对开展日间照料、短期托养和长期照护等居家养老服务给予运营补贴。2021 年明确要求居家养老服务中心具有“四室一厨”的配置，包括日间休息室、休闲娱乐室、图书学习室、健身康复室和厨房。2022 年要求每个区市县和城市街道各自至少建成一所面积不少于 600 平方米和 300 平方米的居家养老综合服务设施，委托专业化养老服务机构运营管理，为居家老年人提供生活照料、医疗保健、康复护理、精神慰藉、日间托管、助餐助浴、助洁助洗、助医助急、居家养老服务呼叫受理、家庭适老化改造及老年用品展示、辅具租赁、居家养老服务人员实训、养老顾问咨询等居家养老相关的服务，按标准化要求将居家养老综合服务设施打造成“林海模式”精选型（面积 300 ~ 500 平方米）、加强型（面积 500 ~ 800 平方米）、枢纽型（800 平方米以上）三种类型。2023 年开始建设“1 + N”居家养老服务设施网络，“1”是指每个区市县建一个区域级的居家养老综合服务中心，“N”为每个区市县建设 N 个城市街道级居家养老服务中心。

大连市通过逐步完善服务内容，经过系统性规划发展出区域级和街道级居家养老服务设施，构建出服务覆盖广泛且访问便捷的居家服务网络，实质上是根据“就地养老”理论的目标，系统性提升居家养老服务灵活性和覆盖面，维持老年人的独立性和生活质量，以降低迁移至养老机构的风险。

2. 通过持续提供居家养老服务补贴、家庭适老化改造补贴、家庭成员照护技能培训、喘息服务和家庭养老床位等方式，提升家庭内部资源支持居家养老的水平。大连市根据困难老年人身体失能状况，以代金券等形式，每月为城市60周岁以上“三无”老年人、遗属孤老、低保家庭中的老年人发放养老服务补贴。给予困难老年人家庭无障碍设施改造一次性补贴，经费由市、区两级财政按比例承担。这种直接的经济补贴类似ABC-X家庭压力模型中提到的增加家庭资源的过程，帮助家庭更好地应对老年人照护的财务负担。

针对失能老人家庭，通过采购第三方服务的方式，为家庭成员提供照护技能培训和居家护理知识的普及，不仅提升了家庭养老资源的配置效果，也有助于提高家庭对压力事件的认知和应对能力，进而直接增强了家庭系统内部的自我调节能力，使家庭能够更有效地应对老年成员养老的需求。

大连市还以政府购买的形式，面向长期照护对象家庭成员提供“喘息服务”，为失能失智老人家庭提供来自外部力量的帮助，让家属减轻照顾压力和精神压力。根据本研究的调查结果，有55.3%的家庭愿意接受“喘息服务”，说明这种帮助被视为家庭内部支持的重要补充力量。“喘息服务”的出发点是考虑到家庭照护者也是家庭系统的一部分，其福祉对整个家庭系统的平衡非常重要，为家庭照护者提供外部帮助，有助于家庭在面对养老压力甚至危机时，有资源采取保持相对稳定和积极的应对措施。

对于失能的城市居家老年人，在自愿接受家庭适老化改造的前提下，大连市为这些老年人家庭配置改善居家生活环境的设备器具，例如为重度失能且长期卧床的老年人家庭安装护理床、防褥疮床垫，为失智老年人家庭安装电子围栏，建设家庭养老床位等。

大连市的这些措施旨在从多个方面来提升家庭内部的养老资源，增强家庭应对养老危机的能力和适应性，体现了家庭压力理论和家庭系统理论在居家养老服务水平提升中的有效应用。

3. 支持养老服务机构与居家养老协同发展，鼓励医疗机构进入居家养老服务网络，培育家庭护理、社会工作等专业人员，提供多元化的外部资源来支持居家养老。2014 年大连市引导养老机构在居家养老服务中发挥辅助功能，向社区开放场所、床位、专业人员等资源，为周边社区开展养老服务培训、日间托老、助餐、助医、娱乐和远程支持等服务。开展居家养老服务的企业所发生的水电费用按照居民缴费标准执行，享受家庭服务业相关扶持优惠政策。

2018 年大连市开始支持养老机构举办或承接居家养老服务设施的建设、运营管理，鼓励社会资本进入居家养老服务领域，提出 70% 以上新建城市社区居家养老服务设施由社会力量运营，为居家老年人提供生活照料、医疗护理、精神慰藉等服务，为失能老年人提供短期托养照护服务。

2021 年大连市继续鼓励养老机构扩大服务种类并拓展服务范围，为老年人提供康复护理、生活照料、安宁疗护一体化等可定制的健康养老服务。在 2022 年还鼓励养老机构将机构内食堂、洗浴、娱乐、康复等设施向周边老人开放，进一步扩大了机构养老融合居家社区养老服务的范围。

在康养结合方面，大连市积极推进基层医疗卫生机构与老年人家庭建立签约服务关系，将医疗机构引入居家养老服务网络，大力培养家庭护理队伍、康复护理专业人员、社会工作者，为老年人提供老年预防保健、医疗护理、远程医疗咨询等专业服务。推动老年人家庭医生签约服务，为居家老年人提供上门诊疗、保健咨询、康复护理等健康管理服务。扶持发展各类为老服务志愿组织，支持志愿者队伍为居家老年人提供服务。

以上措施针对居家养老中常见的各种压力源而推出，帮助家庭更加积极地应对居家养老中的压力事件，有助于优化压力事件的结果，使家庭更有可能采取有效措施达到新的养老资源平衡状态，避免家庭因为养老问题而陷入危机或创伤。

4. 依托大数据信息平台推动智慧居家养老，为老年人提供“点菜式”就近便捷养老服务，提高居家养老服务的便利性和可得性。大连市部分区域开发建设了“互联网+智慧养老服务”管理信息系统，准确掌握老年人需求与养老服务供给信息，整合养老服务资源，方便老年人及家属查询信息、选择服务和费用支付，实现政府部门实时在线监督管理，推动开展线上线下相结合的居家养老服务。智慧居家养老平台使得老年人和家庭成员能够根据具体需求选择合适的服务，从而降低因养老服务需求与供给资源不匹配而产生的压力和不满。智慧养老服务平台能够提供详细的服务信息和透明的收费水平，帮助家庭更加准确地了解居家养老服务的可用性和有效性，从而优化家庭对居家养老压力事件的应对策略，让老年人及其家庭能够主动选择所需的服务，增强了家庭在老年人照护过程中的主动性和控制权，这与“就地养老”理论中强调的维持老年人独立性和自主性的发展目标相一致。

第三节　居家养老服务理论的检验与实践启示

一、理论检验结果

实证结果为“就地养老”理论的有效性提供了有力支撑，居家养老是老年人最为认可的养老方式，即便是对于“就地养老”理论范围之外的失能老年人，居家养老的意向也非常强烈。养老政策的主旨与“就地养老”理论倡导的目标总体上是一致的，力求为家庭提供各种内外部资源，满足老年人在不脱离熟悉环境下的养老需求。

现有验证结果表明老年人的健康状况、年龄、经济条件、家庭支持、社区支持对居家养老决策会产生显著影响作用，然而护理服务需求、智慧养老设施、家庭适老化改造需求等尚未表现出显著影响，这个结果与“就地养老”理论的结论总体上相似，但是存在一定程度的差异，特别是在中国养老文化背景下，有些因素的影响作用有待进一步验证。

老年人居家养老需求具有层次性，当不同层次的需求得不到满足时，居家养老将面临不同水平的压力源，包括日常压力源、社会参与和情感支持缺失的压力源、个人发展与尊严保障缺失的压力源、高级照护与医疗支持缺失的压力源等。

通过增加家庭的内外部资源，不断扩展居家养老服务设施网络，为家庭应对不同层次的养老压力源提供了有力支持。在目前的居家养老服务管理措施中，已经考虑到家庭系统理论的主要观点，从家庭照护者培训和家庭养老床位等方面入手，试图从家庭系统的视角完善居家养老服务内容。

未来“就地养老”理论还需要更加强调老年人参与和赋权的影响，将老年人的意见更加全面地纳入政策的制定和养老服务设计中。在研究中纳入社会和文化多样性的影响，探讨如何在不同文化背景下调整居家养老服务的内容，以提高居家养老服务的适用性和有效性。因为居家养老涉及健康、社会服务、住房、交通等多个领域，未来需要在跨学科和跨部门的合作框架下，进行更为综合的理论拓展。此外，还需要探讨如何通过优化资源分配，解决由于经济社会地位、地理位置等因素导致的养老服务获取不平等问题，保障所有老年人都能获得相对均等的养老资源支持。

二、实践启示

第一，实施居家养老资源动态平衡机制，有效应对未来居家养老服务需求量过大导致的资源短缺问题，实现居家养老服务资源的可持续供给。在居家养老需求旺盛和养老政策的引导下，随着老龄化的加剧，选择居家养老服务的老年人数量还将显著增加，这可能对公共财政、社区资源和家庭经济造成较大压力，例如护理人员短缺、家庭照护者压力超出平衡能力、养老服务设施配置不足等。因此有必要利用大数据和人工智能技术，对居家养老服务的需求进行预测分析，包括需求量、服务类型、区域分布等。根据需求预测，进行资源规划，包括人力资源、财务资源、服务设施等，实现养老服务资源配置的前瞻性和科学性。据此，建立跨区域养老服务资源的协调机制，对资源丰富和资源匮乏地区进行动态调整，实现资源的均衡分配。鼓励和支持多种居家养老服务模式的创新，如“互联网+养老”、社区互助养老、家庭联合养老等，提高服务的覆盖率和效率。

第二，通过采购专业养老机构的第三方服务，为老年人免费提供家庭养老计划，作为家庭获取养老服务资源的指导方案。制定家庭养老计划的标准和规范，将家庭养老计划的制定作为养老服务政策关注的内容之一，明确家庭养老计划执行过程中涉及的相关部门的责任和义务。建立家庭养老计划的实施办法，在家庭自愿参加的基础上，政府通过公共服务采购程序，选定家庭养老计划辅导的第三方专业机构，免费为老年人提供短期或中长期的养老规划服务。建议家庭养老计划的内容包括：医疗护理计划、康复和预防措施、生活照护方案、家庭适老化改造方案、社交和娱乐活动设计、心理健康支持方案、财务规划、法律事务策划、紧急情况计划等。推动这些内容与社区周边的养老服务资源相关联，便于老年人在15分钟生活圈内便捷获取服务。家庭养老计划制定时要对老年人的健康状况、生活习惯和需求进行全面评估，明确老年人照护的目标和期望，确保计划符合老年人需求和家庭的实际情况。基于评估结果和设定的目标，制订详细的养老照护计划，在执行计划过程中定期评估其效果，在遇到家庭危机时根据应急方案进行相应调整。

第三，加快开发家庭服务人形机器人，培育居家养老人工智能服务和产品市场，极大程度上降低家庭照护者的压力。鼓励开展计算机科学、机器人技术、医疗保健、心理学、社会学等领域合作研究，共同开发适用于家庭养老环境下的人形机器人。提供财政补贴、税收减免、研发资金支持等激励措施，加快引导企业和研究机构加大对家庭服务人形机器人的研发投入。同时制定相关的技术标准、安全标准和伦理指导原则，保障家庭服务人形机器人产品和服务的安全、有效、可靠和伦理性。探索与医疗机构、养老服务机构、保险公司等开展合作，通过资金补贴等措施鼓励家庭使用，逐步将人形机器人整合到现有的养老服务体系中，让人形机器人能够在相对经济的前提下，为家庭照护者减轻压力，成为家庭应对养老压力的重要资源之一。

第四，构建居家养老服务供给的资源统一调度体系，为居家老年人提供及时响应的外部支持网络，提高各类服务的便捷性。建设负责居家养老服务资源协调的中心机构，如将区域内的居家养老服务中心作为各类服务资源的集中调度和管理平台，负责统筹规划、资源整合、服务调度、质量控制和信息反馈工作等，制定统一的居家养老服务标准和操作流程，保障养老服务的质量和效率。依托该中心汇聚包括政府部门、社区服务中心、医疗机构、养老机构等在内的多方资源，通过签订合作协议、共享资源等方式，实现区域内居家养老服务资源的有效整合与共享，实现对居家养老服务需求的登记、资源调度、服务跟踪、效果评估和反馈收集等功能。利用人工智能、大数据分析等技术，建立智能化的居家养老服务资源调度系统，根据老年人的需求、服务提供者的能力和地理位置等因素，自动匹配最适合的居家养老服务资源。

| 第二章 |

社区养老服务的理论与实践

第一节　社区养老服务的相关理论

一、社会网络理论

社会网络理论（social network theory）描述了社会连接主体的内容、结构等各种维度的相互作用关系，解释了社会资本（即关系产生的资源）在一系列联系中产生各种结果的原因，为联系之间的路径如何影响各种资源的创造、变化和流动提供了理论解释，对公共管理和公共政策制定具有参考价值。这个理论框架在分析社区内部社会联系的基础上，能够有效解释社区内部通过各种社会联系来提供养老服务的方法，揭示社区内部通过关系网络来分配和获取养老资源的方式，阐明社区成员之间在养老方面的社会支持和互助机制。

社会网络理论的主要研究内容包括网络结构和网络内容两个方面。网络结构是指网络中不同主体之间的连接形态，网络内容是指主体联系之间产生的社会资本。社会资本包括主体在连接中获得的信息、资金、物质、技能等资源，度量的维度包括社会资本的类型、数量和质量、实体之间资源交换的数量和方向、社会资本的同质性和异质性等。

网络结构分析的定量特征包括网络规模（网络节点和连接的数量）、节点位置和中心性、节点同质性和异质性、节点的人口统计特征、网络联系的特定路径、网络集群等。网络规模反映了社区养老服务网络中参与者的数量和互动的广度，节点位置和中心性揭示了社区内某些成员在养老服务网络中的重要性和影响力，分析节点的同质性和异质性有助于理解社区养老服务网络中成员的多样性，识别网络中的集群便于了解社区内部形成紧密的养老互助小组的运作机制。

从内部的角度来看，社会网络理论可以解释主体之间的协作是如何通过个人联系、共享资本、问责制、网络成员的监督、合规性、制定决策、分享或集中权力而形成的。从外部角度来看，社会网络理论可以衡量一项任务在多大程度上是在组织间和组织内部人员之间共享和交换特定类型资源的直接结果。

社会网络理论分析发生在人、团体、单位、组织或这些主体的组合（例如，特定组织内或跨特定组织的人）之间的关系，可以在微观和宏观层面进行。对养老行业的社会网络微观分析是针对老年人进行的，根据老年人的人际关系形成网络结构，研究老年人个体在其中所处的位置和连接关系，为解释老年人的养老行为提供理论依据。例如温格（Wenger，1996）根据是否具有当地近亲，与家人、朋友和邻居接触的频率，社区群体的社会融合程度三个分类标准，将老年人的社会网络分为五种类型，分别包括：依赖家庭的网络是主要依靠亲密的家庭成员形成的小群体；当地整合的网络是一个庞大的群体，包括与家人、邻居和朋友的关系；本地包含网络往往很小，而且大多基于邻居关系形成；以社区为中心的网络规模很大，主要以友谊为中心形成；私人受限网络的特点是没有本地亲属，与邻居的联系很少。

老年人的社会人口统计学变化对网络类型具有影响作用。例如有研究认为受过高等教育和收入较高的老年人拥有更大的网络，已婚的老年人往往比未婚的老年人拥有更大的网络，老年人往往比年轻人拥有更小的网络。

与只从单一主体的视角相比，公共部门从多个主体形成的网络视角来改善公共行政、治理和政策，分析不同行动方案下网络结构和内容的差异，促进主体间更好地交流和获取社会资本，从而产生更好的公共管理实践效果。因此，在宏观层面上，社会网络理论可以作为养老行业相关政策的评估工具，为如何在不同主体之间分配养老的社会资源提供决策依据。

社会网络中节点（主体）之间的信任促进了社会资本的交换，节点间的信任水平越高就越会导致社会资本的大量交换，有利于提高网络中的运行效率。主体间的信任通过诸如情感联系程度、沟通频率和时间、声誉、生产力、其他网络成员的推荐、与网络知名成员的伙伴关系等来衡量。

社会网络理论包括强/弱联系理论、结构洞理论、三元理论、平衡理论、亲同性理论、派系理论，互惠理论等，这些理论有助于更好地解释网络的形成。

社会网络中主体间的关系分为强关系和弱关系两个类型，根据情感强度、亲密关系、相互信任程度和互惠服务等来综合衡量。强关系的特点是高接触强度、高度亲密程度、具有情感支持以及信任关系；弱关系是松散的关系，特点是接触频率低，亲密程度低。虽然强关系对主体之间的情感支持等方面很重要，但弱关系也有其自身的好处，提供了对不属于紧密社会环境下的信息和资源的访问途径，减少了主体间连接路径的距离。在社区养老中，强关系（如家庭成员和密切朋友）可以提供情感支持、日常照护和紧密的社交互动。而弱关系（如邻居、社区志愿者）则扩展了老年人的社交网络，为他们提供新信息、外部服务和资源的接入点，增强社区支持系统的服务范围。识别并优化这两种关系的平衡，有助于构建一个全面支持老年人的社区环境。

在社区养老中，理解和促进三元（或更多成员）之间的平衡关系有利于构建稳定和谐的社区环境，进而提升老年人的情感福祉和社交满意度。结构洞是社会关系网络中相互之间不存在的联系，但是拥有互补资源或信息的节点之间存在的空位，可以分离出两个以上子群的缺失关系，阻止子群之间信息或其他资源的传输。通过连接子群填补这些空位的主体被称为桥接者，充当桥梁的作用，对不同的子群都具有洞察力，有条件生成非冗余信息或合并来自不同社会群体的知识，控制不同子群之间的信息流动，决定要传递哪些信息、何时传递以及如何传递。在社区养老服务中，识别并填补结构洞（即未连接的社区资源或信息源）可以促进资源和信息的有效流动。桥接者（连接不同社区群体的个体或组织）在此过程中扮演关键角色，他们促进了跨群体的资源共享和合作，提高了服务的覆盖率和效率。

社会网络的亲同性是指彼此相似的主体因为具有相同的属性，会主动选择彼此，在一个或多个属性上会适应彼此的行为，并会随着时间的推移产生相互影响。在社区养老服务中，亲同性意味着老年人可能更倾向于参与和他们有共同兴趣、背景或需求的群体活动。识别并利用这种趋势，可以增强社区养老服务的吸引力和参与度。

社会网络的互惠性是假设人们期望礼物或行动得到回报或平衡，对回报的不同期望使得许多形式的社交网络成为可能。作为回报的服务或礼物不必与收到利益完全相同或以相同的形式支付，但至少应被视为充分满足和具有类似效果。如果给予者的期望没有得到满足，那么互惠规范就会被违反，未来社会交换的可能性就会降低。互惠对保持老年人的心理自尊具有重要的个人意义。互惠性是社区养老服务的一个重要原则，它强调服务和支持的相互交换。在社区中促进互惠文化，不仅能增强老年人的社会参与和心理自尊，还有利于构建一个更加紧密和相互支持的社区养老环境。因此鼓励老年人根据自己的能力贡献社区养老服务，有助于增强他们的价值感和社区归属感。

社会网络中的派系是一个大网络中参与者的子集，是由紧密相连的主体组成的一个小团体。这些小团体不仅具有高度的联系，而且还表现出高度活跃、团结和群体认同等特征。一个派系可以定义为至少三个参与者的完整子图，其中每一对可能的点都由一个关系直接连接，并且该子群不包含在任何其他子群中。识别社区中的派系或紧密联系的群体有助于理解社区内部的社交结构和力量动态。这些信息用来设计针对性的干预措施，促进更广泛的社区参与和支持，尤其是针对那些可能因为社交隔离而处于边缘位置的老年人。

二、老年亚文化群理论

老年亚文化群理论（subculture theory of aging）最早由罗斯在 1965 年提出，认为老年人因为健康和流动性等原因，与老年群体成员之间的交往超出其他年龄层人群的交往，形成了不同于社会整体文化价值体系的社会群体。

罗斯认为老年人之间集中的社会互动可能会导致老年群体意识的发展、规范和价值观的改变，并增强老年人的自我概念。有研究证明罗斯的观点确实适用于解释老年人选择搬迁到退休社区的原因。社区老年人的总体社会活动水平与其他成员大致相同，但他们免于孤独的程度明显更高。社区老年居民表现出许多与老年亚文化相关的独特价值观和认知模式，包括更愿意与自己年龄段的人共度时光等行为。

随着年龄的增长，个体与同龄人的互动会增加，这会鼓励亚文化的发展，从而增强老年人的自尊。老年亚文化群可能在以下两个条件中形成：彼此有共同的亲和力；被排除在其他群体的互动之外。

通常情况下拥有更大财富、职业声望和教育成就的老年人享有更高的地位，尽管这些地位基础已从其早期的显赫地位中消失。因此最健康、最活跃的老年人也享有较高的地位。

与同龄人的互动会导致老年群体意识或老年群体认同，促进群体自豪感并增强成员的自我尊重，激发集体行动来减少老年人受到虐待的可能。

老年亚文化群理论强调，老年人之间的社交互动在形成积极的自我概念和群体意识过程中的重要性。社区养老服务应促进老年人之间的交往，如在共同兴趣的基础上组织活动小组，以增强老年人的群体认同感。由于老年人更愿意与同龄人共度时光，社区养老服务要充分重视老年群体文化的独特价值观，设计便于老年人社交活动的物理环境，如设立适老化水平高的公共空间和活动中心等，同时还要提供符合老年人共同兴趣的养老服务。

老年人与其他年龄群体的分离程度越大，亚文化发展的广度和深度就越大。然而，并非所有老年人的独特行为都归因于老年亚文化的影响，还可能与老年人身体衰老相关的个人特质相关，以及因为代际变化而导致老年人表现出的一种文化差异。

不同的老年人对老年化亚文化的参与程度不同。老年人的地位制度只是普通社会地位制度的一部分延续。对于退休老年人，社会必须承认他们具有两种地位：一种是普通社会给予他们的地位，另一种是从老年亚文化的独特价值观中发展而来的地位。

与老年亚文化群理论相类似的是年龄分层理论（age stratification theory），该理论认为社会群体被划分为不同的年龄组别，这是获得社会中其他人的资源、角色、地位和尊重的基础。年龄组受其生活的历史背景的影响，各代人的年龄组和相应角色各不相同。出生在同一队列中的人有着相类似的经历，有着共同的生活意义、意识形态、态度和价值观，以及对生命历程转变时间的期望。由于不同时代的人有着不同的经历，这可能导致他们以不同的方式衰老。年龄分层理论强调了不同时代的人在经历和视角上存在差异，因此，社区养老服务需要通过促进跨代际交流等活动，例如开展代际互助项目，来增强社区内不同年龄层彼此之间的相互理解和支持。明确每一代人的历史背景和共同经历，对于设计符合其期望的养老服务非常重要，因此社区养老服务还应该关注老年人生活历史的多样性，提供更多个性化的养老服务方案。

三、社会支持理论

社会支持理论（social support theory）认为如果个人获得外界提供的某种形式的社会支持，对积极应对生活中的压力具有支持作用。社会支持通常分为两类：一类是工具性支持，包括提供物质、信息等有形资源；另一类是表达性支持，包括提供尊重和归属支持等情感支持等。工具性支持的具体表现形式包括物品、金钱、信息、建议、时间和权利，表达性支持的具体表现形式为喜欢、钦佩、尊重、爱的表达、表示同意或承认他人的某些行为的适当性等。

社会支持由个体获得的、与之有关系的人提供的帮助所带来的感觉来定义，受到人际关系网络中的互动数量、关系类型等因素的影响，对个人的健康具有正面影响。根据社会支持理论，社区养老服务有必要为老年人提供多元化的工具性支持和表达性支持，减轻社区生活中面临的压力和挑战，有效提升老年人的生活质量、幸福感和社会参与水平。

社会支持是减轻压力源负面影响的关键因素，由多维度结构的内容组成，具体包括情感支持、尊重支持、归属支持、网络支持、工具支持和信息支持、评估支持等。社会支持的有效性取决于支持类型与个体面对的特定压力需求之间的匹配程度。例如，社区通过定期组织社交活动、庆祝节日，以及心理咨询服务等方式，为老年人提供情感支持，营造一个温馨、关怀的社区养老环境，满足了老年人缓解社区情感孤独的需求。为老年人提供尊重支持，就要听取和尊重老年人在社区中的意见，提供参与社区决策和规划活动的机会，增强老年人的自尊心。归属支持可以采取组织兴趣小组、俱乐部或者志愿服务团队等群体活动形式，让老年人找到志同道合的伙伴，以增强社区归属感。网络支持则需要建立一个有效的信息传递和资源共享平台，帮助老年人获取健康、娱乐、教育等方面的资源信息，促进他们的社会参与。提供辅助设备和技术等工具支持能够直接减轻或改变养老压力源，帮助老年人提高生活自理能力和安全感。信息支持则通过定期举办健康讲座、技能培训班和信息科技教育等活动，培养正确的养老认知和行为应对策略来增强个体的抗压能力，改变不恰当的应对行为，提高老年人耐压力的能力。评估支持需要提供专业的健康评估、生活技能评估等服务，帮助老年人了解自己的健康状况和生活技能水平，制定个性化的健康管理和生活改善计划。

社会支持主要来源于配偶、子女和朋友。有研究表明，这些来源的支持可以解释个体健康差异的比例能达到18%。个体对社会支持的感知能力可能会促使他们对初步被视为威胁的情况进行重新评估，尽管这种重新评估并不改变压力源本身，但是也会产生减少初始情绪反应的效果。根据这个研究结果，社区养老服务要加大宣传服务内容的力度，增加老年人特别是家庭成员对于可获得的社会支持的感知，采取有效途径提供各方易于理解的社区养老服务信息，以及在社区内部定期召开养老服务介绍会，使老年人及其家庭知晓并利用这些资源，促进家庭重新认知养老压力并采取积极应对措施。

压力源的性质对社会支持的效果具有显著影响。一些极为强烈的压力源可能复杂地破坏支持过程，使得大部分社会支持策略失效。同时，社会支持接受者的个体特征，例如年龄、性别、收入、婚姻状况、性格、能力、种族和心理结构等，也会影响社会支持的效果。这些个体差异导致人们对寻求和接受支持的倾向及其反应不同，有时甚至可能出现消极的支持结果，特别是当支持以不恰当的方式提供时，可能会被接受者视为负面的。家庭成员间的不支持或消极支持关系可能会增加个人包括健康问题在内的各种负面后果。据此，社区养老服务需要根据老年人的个体特征来提供个性化和定制化的服务方案，避免服务可能导致消极支持结果的情况，例如以不尊重或减损自尊的方式提供帮助。此外在养老服务提供过程中，不能忽视老年人的自我决定权，避免支持出现过度干涉的问题。

为了推动社会支持带来的积极影响，增加老年人与社区成员的互惠性是必不可少的一种途径。互惠作为一种社会规范，其形式取决于关系双方的亲密程度。在不太亲密的关系中，互惠往往是直接和立即的。相反，在更亲密的关系中，对互惠的期望可能更为宽松，不必要求立即或以实物形式回报。根据互惠性要求，可以鼓励老年人在能力范围内参与社区服务和活动，不仅作为服务接受者，也有机会作为服务提供者。这种互惠的服务模式不仅能增强老年人的自我效能感，还能促进社区内团结互助的氛围。

第二节　大连市社区养老服务的实践

一、大连市社区养老服务的发展历程及成效

1. 大连市社区养老服务从建立服务体系和政策补贴，再到系统化建设和服务网络拓展，最终发展为综合服务模式创新与服务多元化的阶段性进程，为老年人在社区提供系统的社会支持。大连市社区养老服务历经了四个阶段。

一是社区再就业和社区养老得到初步关注的阶段（2000～2004 年）。在这一阶段，政策重点是为下岗职工提供再就业机会，该项举措间接支持了社区养老服务的人力资源配置。政府逐渐开始关注社区养老服务，特别是为大龄就业困难对象在社区提供养老服务岗位，并通过政府补贴鼓励服务型企业和机构参与社区养老服务。

二是社区养老服务体系构建和实施补贴政策的阶段（2005～2009 年）。在此阶段，政府实施了特困老年人货币化养老服务补贴政策，构建以居家养老为基础、社区养老为依托的服务体系。鼓励社会力量参与，小型家庭养老机构与社区医疗卫生机构的合作开始出现，表明养老服务逐步向社区和家庭延伸。

三是社区养老服务中心系统建设与服务网络拓展的阶段（2010～2016 年）。在此阶段，政府全市范围内实施了社区养老服务中心建设的三年规划，明确了社区养老服务中心的功能定位、建设模式、选址要求、建筑面积标准以及注册登记程序，力图实现社区养老服务中心的标准化和规范化建设。通过“以奖代补”的方式为新建或已建成的社区养老服务中心提供财政补助，促进社区养老服务设施的建设工作。制定了社区养老服务中心的运营补贴政策，由区（市、县）政府负责日常运营补助，以保障服务中心的持续运营能力。鼓励民营企业、社会组织等社会力量参与到社区养老

服务中心的建设和运营中，形成政府主导与社会参与相结合的发展模式。加强了社区养老服务人员的培训与专业能力的提升，使得服务人员能够提供更加专业的养老服务。在服务内容上，除了基本的日间照料和支持服务之外，社区养老服务中心还拓展了健康管理、康复、文化娱乐和教育活动等多元服务，以满足老年人的不同需求。

四是综合服务模式创新与社区养老服务的多元化阶段（2017 ~ 2024年）。在此阶段，大连市推出了“林海模式”的实施方案，通过新建大量的社区居家养老服务中心，实现社区养老服务全覆盖，旨在全面提升城市社区居家养老服务的水平。从 2017 年全面推广“林海模式”之后，大连开始探索多种服务模式并存，如医养结合、嵌入式机构、小型化设施、互联网 + 等，推动社区养老服务供给的多元化发展。在前期大力扩大设施覆盖面的基础上，大连市开始更加注重提高养老服务的质量和水平，出台了一系列提升社区养老专业化、规范化和均等化水平的措施。同时逐步将更多政策和服务资源向失能、困难老年群体倾斜，推出家庭养老床位、特殊困难老人探访关爱等精准服务，缓解社区居家养老的突出短板。此外，通过扶持社会力量参与、培育专业服务机构、鼓励新业态等手段，大连市逐步打造以社会力量为主导、多方位参与的社区养老供给格局，提出发展“养老 + 医疗 + 保险”等新模式，推进社区医养一体化改造，探索构建居家社区机构相衔接的连续性专业照护服务体系。

大连市社区养老服务的实践与社会支持理论在很多方面具有契合点。例如，为老年人提供辅助设备、健康讲座、技能培训等多样化的社区养老服务内容，实质上是为老年人提供了工具性支持；社区养老服务通过组织社交活动、节日庆典、心理咨询服务等，为老年人提供了情感支持、尊重支持和归属支持。大连市的社区养老服务并未局限于某一种类型的内容，而是构建了多种支持形式的综合服务体系，充分体现了社会支持理论强调的多维支持结构的特点。此外，大连市的社区养老服务也注重个性化服务的供给，这也符合社会支持理论中提到的支持类型与个体需求之间相匹配的要求。

在发展社区养老服务的过程中，大连市注重通过提供多元化的服务内容，来满足老年人各种生活方式下的养老需求，同时也通过鼓励参与社区活动规划和兴趣小组，增强老年人的社区归属感，满足了老年人的社交需求。同时，社区养老服务的个性化策略体现了对老年人群体内部差异的理解，确保每位老年人得到尊重和维持相对的独立性。这些做法不仅强化了老年亚文化群体的独特身份，也有助于实现社区养老服务内容与老年人的实际需求相匹配。

2. 大连市总结社区养老发展的典型经验，分阶段推行“林海模式”，从启动期满足社区基本养老服务开始，逐步发展到扩大试点范围和服务多样化的深入开展阶段。从 2017 年大连市启动发展“林海模式”，在市内五区 42 个街道及其他 9 个区市县、先导区各推广一个社区养老服务的“林海模式”，这标志着“林海模式”进入起步阶段，着重于在市区范围内进行试点推广。“林海模式”基本服务内容包括餐饮服务、家庭签约医生和文化娱乐活动等，以满足老年人的基本生活需求，并为特定群体（如高龄、空巢、失独、失能和低收入老年人）提供关怀和支持。

从 2018 年“林海模式”进入了提质增量的发展阶段。随着“林海模式”的推进，大连市着重于提高社区养老服务的质量，在主城区打造了 50 个适合老年人社区居家养老服务示范中心，将“林海模式”从初步试点向更广泛范围的推广实施。

“林海模式”从 2022 年进入深化发展阶段。此时，社区居家养老服务设施开始提供更加多样化的服务，如养老顾问咨询、服务呼叫受理、服务人员实训、家庭适老化改造、日间托管、临时托养等，以满足社区老年人的个性化需求。按照标准化要求建设社区养老服务设施，以精选型、加强型、枢纽型等不同规模满足不同社区的养老需求，表明“林海模式”开始向系统化和规模化发展。

3. 政府对“林海模式”的大力推广使得社区养老服务中心的数量得到显著提升。在 2017 年之前，大连市社区养老服务中心的新增数量相对较低，数量变化呈现波动起伏的状态。在某些年份，例如在 2012 年和 2013

年，社区养老服务中心有了较为明显的增长。在 2017 年大连市出台《推广社区居家养老服务“林海模式”的实施方案》之后，社区养老服务中心的成立数量在 2019 年和 2020 年急剧增加，分别达到了 23 个和 32 个。

为了评估推行“林海模式”政策对政策出台前后社区养老服务中心成立数量的影响，采用中断时间序列分析（interrupted time series analysis，ITSA）方法绘制影响关系，如图 2.1 所示。

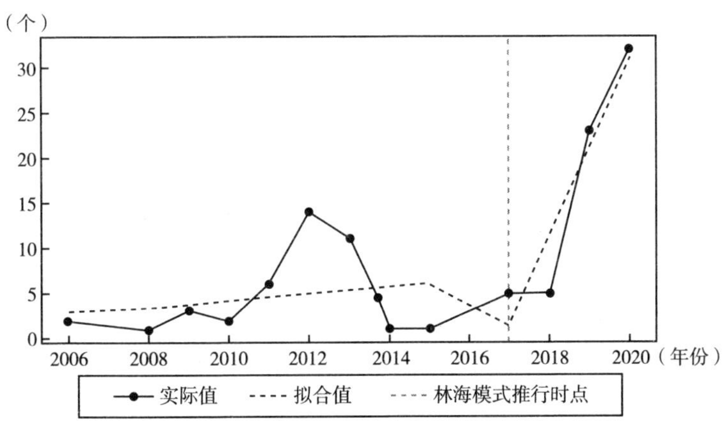

图 2.1　“林海模式”政策推广对社区养老服务中心数量的影响

模型中被解释变量为“社区养老服务中心成立数量”，根据“天眼查”平台（中国人民银行营业管理部备案第三方征信机构）查询到的大连市每年机构名称中包含“社区养老”关键词的数量来取值，因为从 2020 年开始受疫情因素影响数据出现异常下降，所以建模时剔除 2020 年之后的数据以消除不良影响。“政策”变量赋值的方法为：如果年份大于或等于 2017，赋值为 1，否则为 0。ITSA 模型运行结果如表 2.1 所示。

表 2.1　“林海模式”政策的中断时间序列分析结果

变量	回归系数	标准误	t 值	$P>\|t\|$	0.025 分位点	0.975 分位点
常数项	2.9556	3.130	0.944	0.370	-4.124	10.035
政策	-90.6556	24.247	-3.739	0.005	-145.506	-35.805
年份	0.4000	0.657	0.609	0.558	-1.087	1.887
政策与年份的交互项	9.5000	2.370	4.008	0.003	4.139	14.861

模型调整后的 R-squared 是 0. 720，说明模型的拟合情况良好。Omnibus 值是 0. 826，对应的 P 值是 0. 662，小于 0. 05，表明模型残差服从正态分布。Jarque-Bera（JB）值是 0. 566，对应的 P 值是 0. 754，也表明不能拒绝残差正态性的原假设。Durbin-Watson 统计量是 1. 878，接近 2，说明残差序列之间的自相关性小。条件数是 153，这表明模型有中度的多重共线性问题，但不是非常严重。以上结果表明模型的整体拟合度较好。

“政策”变量的回归系数为 -90. 6556，表明在其他条件不变的情况下，在政策引入当年，因变量“社区养老服务中心成立数量”预计会下降 90. 6556 个单位。由于该系数的 t 统计量是 -3. 739 且对应的 P 值是 0. 005（小于 0. 05），该回归系数在统计上是显著的。

政策与年份交互项的系数为 9. 5000，表示推行“林海模式”政策后，随着时间的推移，每年“社区养老服务中心成立数量”预计将增加 9. 5000 个单位。该系数的 t 统计量对应的 P 值是 0. 003（小于 0. 05），说明这个正向效应也是显著的。

以上结果说明在“林海模式”政策出台时，“社区养老服务中心成立数量”有一个显著的下降，政策和时间交互作用的系数是正值，表明随着时间的推移这个初始的负面效应逐渐减弱，并且最终转向正面。这意味着政策实施初期可能有一些负面影响，比如调整期的成本或者短期的不适应，但随着时间的推移，因为政策适应和优化等因素，这项政策开始产生积极效果，并且显著提升了社区养老服务中心的新建数量。

二、大连“林海模式”社区养老服务的社会网络分析

根据“林海模式”的实施方案和实践内容，提炼出 24 个主体，形成社会网络主体间的关系数据表，用 UCINET 软件生成网络关系图如 2. 2 所示。

1. “林海模式”社区养老服务网络呈现出明显的中心性。“林海模式”对应的社会网络图表现出明显的中心性，整体网络密度值为 0. 281，说明

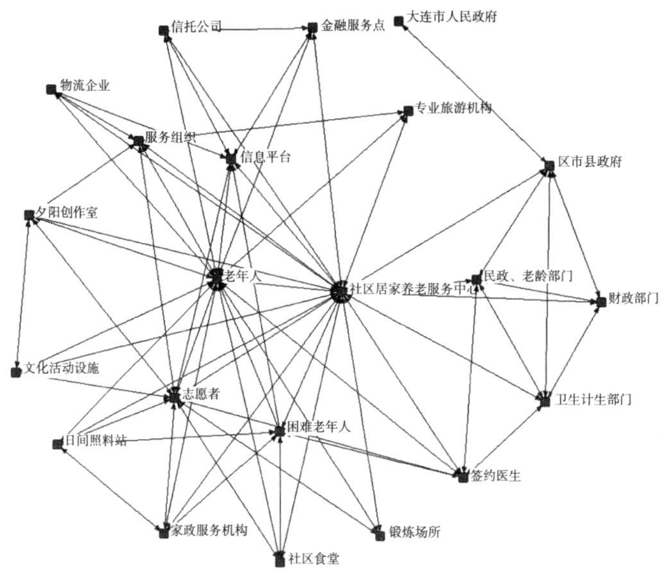

图 2.2　“林海模式”社区养老服务的社会网络

网络中实际连接占所有可能连接比例为 28.1%，属于中等密度，意味着“林海模式”下的社区养老服务提供者之间，以及服务提供者和老年人之间存在较高的连接水平，但主体之间还有继续扩大社会网络连接的机会。

2. “林海模式”社区养老服务网络主体间存在较多的直接互动关系、较强的信任和协作机制、较好的互助和互惠关系。“林海模式”的社会网络中存在 437 个三元组结构，表明在这个网络中有相当数量的养老服务主体通过直接的互动关系紧密连接在一起。这种局部连接性能够促进成员间的相互协作，特别是在提供综合性养老服务时，有利于推动多方面的合作关系。较多的三元组数量表明网络中存在较强的社区凝聚力。在社区养老服务的背景下，这种凝聚力非常重要，因为它有助于建立稳定的社会支持系统，确保老年人可以从不同的服务提供者获得连贯和一致的服务支持，实现了关键信息、最佳实践以及必要的资源可以迅速在服务提供者、接受者以及相关机构之间传递，提高了社区养老服务的效率和响应速度。

“林海模式”的社会网络传递性（transitivity）的值为 0.426，表明当网络中任意两个节点存在连接时，这两个节点的共同邻居有 42.6% 的概率也会相互连接，形成一个封闭的三角形。存在这种结构说明，社区养老服务网络中倾向于形成局部群体或紧密联系的小团体，这些团体内部的成员之间具有较高的相互支持作用，网络中存在较强的协作机制，在面对连接失败时可能表现出更好的韧性。即使一些直接连接受到干扰，信息或资源还可以通过其他闭合路径传播，保持社区养老服务网络功能的正常运作。

“林海模式”的社会网络循环性（cyclicality）的值为 0.424，说明相对于所有可能形成的三元组而言，网络中闭合循环的比例较高，在社区养老服务网络不仅具有较强的互助协作特性，而且存在显著的循环交换模式，即资源、信息或服务可能在三个或更多参与者之间形成循环流动，而不仅仅是单向或双向流动。

根据“林海模式”的社会网络互惠性（reciprocity）统计数据，绝大多数节点展现出高度的互惠性，意味着社区养老服务网络中的参与者倾向于建立双向互动关系，这有助于资源和信息的有效流通。对于特定的节点，如老年人（0.938）、信息平台（0.571）、信托公司（0.750）和物流企业（0.750），虽然互惠性较高，但存在一定比例的非互惠连接，反映了这些节点更多地接收服务和资源。几乎所有的服务提供节点，例如政府部门、医疗机构、社区养老服务中心等都显示出完全的互惠性，这表明它们在网络中既是服务的提供者也是接受者，这有助于形成稳定和可靠的服务网络。

3. 社区居家养老服务中心、老年人、志愿者、区市县政府是“林海模式”社区养老服务网络中的中心节点，起到重要的桥接作用。对于“林海模式”下节点的网络密度，社区居家养老服务中心、老年人、志愿者的归一化网络密度出度值（nOutdeg）分别为 0.952、0.714 和 0.524，归一化网络密度入度值（nIndeg）分别为 0.952、0.762 和 0.524，都显著高于其他节点，说明它们在网络中扮演着关键角色，是社区养老服务信息和资源流动的中心点。社区居家养老服务中心归一化出度和入度都是 0.952，表明它在可能的最大互动程度上非常接近完全活跃。志愿者也显示出较高的互动程度，在网络中起到重要的桥梁作用。

社区居家养老服务中心的中介中心性最高（218.376），归一化中介中心性也是最高的（51.994），表明它在网络中起到了关键的桥梁作用。老年人、区市县政府的中介中心性分别为62.976和40.000，这表明这些节点尽管不如社区服务中心那么显著，也在其各自的联系网络中发挥着中介作用。

社区养老服务网络中存在结构洞，社区居家养老服务中心的效率（efficiency）较高为0.780，约束（constraint）0.183的值较低，并且自我中心介数（egoBet）187.71非常高，这些指标都表明它可能在多个结构洞上占据了有利位置。此外，老年人群体、志愿者、家庭签约医生也存在效率值高和约束值低的情况，它们可能与社区居家养老服务中心相同，在连接不同主体和资源流中起到了桥接作用。

三、大连市社区养老服务的实践经验

1. 坚持因地因时因势，充分尊重基层首创精神，总结并推广社区养老服务的“林海模式”，积极扩大社区养老服务设施的覆盖面。大连市根据不同区域的社会经济状况、人口结构和老龄化进程，制定了符合各自特点的社区养老服务策略。例如，在城市和农村地区采取不同的养老服务模式，各区市县也有社区养老服务发展的不同特色，使养老服务更加契合当地老年人的实际需求。随着时间的推移，大连市对社区养老服务的策略进行了适时调整，从2010年的规划到后续年份的不断实施和优化，反映了对养老服务需求变化的快速响应和服务内容的实时更新。

大连市根据社区居家养老的发展趋势，开发“林海模式”这一具有针对性、综合性和创新性的社区养老服务模式，通过总结和推广“林海模式”，有效整合了社区资源，提升了社区养老服务质量和效率。在全国GDP排名前30的城市中，大连市的社区养老机构数量有126家，排在第

12位，这个成果也得益于因为尊重基层社区养老服务首创精神，使得其他社区可以借鉴这些成功的经验和教训，形成有效的经验交流和知识传递，激励社区工作者积极探索适合本社区特点的养老服务方式。

2. 积极搭建嵌入社区的多功能综合养老服务平台，依托社区养老服务中心，整合家政、医疗、教育等各类资源，构建以政府为主导、社会力量广泛参与的多元化主体网络。大连市政府发挥主导作用，通过出台扶持政策、提供财政补贴等方式，积极引导和支持社会组织、企业、个人等多元主体参与社区养老服务，构建多元主体参与的协同网络，形成“政社协同”的网络结构，整合多方资源，实现优势互补和功能叠加，为社区老年人提供综合连续的服务。

大连市在推行“林海模式”的过程中，成功构建了多层次、互联互通的社会网络，通过鼓励居民、家庭、志愿者和社区组织的参与，形成了具有活力的多元化养老服务提供网络，服务节点之间形成紧密的协作互助和信息交换机制，促进了社区成员之间的交流和联结，有助于高效协调资源，满足老年人多样化的社区养老服务需求。

3. 为老年人提供全方位、个性化、精准化的工具性和表达性支持，注重强化老年人获得支持的主观感知，并针对特殊困难群体给予重点保障，从而有效增进老年人获得感和幸福感。大连市社区养老服务体系坚持以老年人需求为导向，立足于社区来整合养老服务资源，注重为老年人提供全方位的工具性和表达性支持。一方面，政府加大投入，通过税费减免等优惠政策，鼓励社会力量参与，完善社区养老服务设施，为老年人提供丰富的生活照料、医疗康复、文化娱乐等服务；另一方面，通过构建以情感关怀、尊重感受、社会归属为核心的支持性社区环境，开展形式多样的互动交流活动，增强老年人的获得感。与此同时，建立健全老年人能力评估和需求反馈机制，提供个性化的支持服务，并对特殊困难老年群体给予重点关注和精准帮扶。通过构建“物质+精神”并重的社区养老支持网络，激发老年人获得支持的主观感知，为老年人享受幸福晚年奠定了基础。

第三节　社区养老服务理论的检验与实践启示

一、理论检验结果

第一，社区养老涉及多个主体并且确实存在某种结构的社会网络。对于运作成功的社区养老，该社会网络展现出较为明显的中心性，具有较多直接互动关系，形成良好的协作机制。社区养老服务中心等主体是重要的社会网络节点，发挥出重要的桥接作用。

第二，社区养老服务为老年人提供多样化的工具性支持、情感支持、尊重支持和归属支持，构建出具有多维结构的综合养老服务中心支持体系。

第三，社区养老服务提供过程中重点关注老年亚文化群的行为特征，体现对老年人群体内部差异的尊重和理解。

从社会网络理论视角来看，未来研究要根据不同社区的特征，设计出匹配社区养老需求的最佳服务网络结构。例如识别出社区养老服务网络中的关键节点，形成健康的核心—边缘结构，其中核心部分稳定、高效，边缘部分灵活、多元。研究如何实现社区养老服务网络具备小世界特性，实现不同养老服务主体之间距离较短，信息和资源流动迅速，同时保持较高的聚类系数的良好状态。研究如何通过增加不同类型节点的连接和合作，以达到社区养老服务网络的多样性和包容性。此外还需要通过设计冗余路径和备选资源，提高社区养老网络在应对突发事件和变化时的持续服务能力，最终稳定地满足老年人多元化需求。同时还要分析政策变化对网络结构和动态的影响，以及如何设计有效的网络干预策略来影响和改善社区养老服务。

从个体微观层面，可以应用社交网络分析方法研究老年人的交流模式、社交圈层构成和信息传播途径，以此来理解和优化老年人的网络互动结构，增强社区内部的连接和网络支持效果。

未来还可以基于老年亚文化特性来研究如何实施个性化网络干预，内容包括研究老年人的亚文化特征，如价值观、行为习惯和交流偏好，设计符合这些特性的网络干预措施，如定制化的健康管理计划、教育课程和休闲活动，旨在通过网络平台提供更加贴合老年人需求的服务。

二、实践启示

第一，社区养老要与居家和机构养老形成紧密衔接关系，充分发挥家庭支持失效时的养老服务弥补功能，起到机构养老与家庭养老之间的搭接作用。依托社区养老服务网络将居家和机构养老资源有效的整合在一起，网络节点上的各类服务机构根据 15 分钟活动圈范围构建合作关系。构建集合各类养老服务主体的交易平台，社区养老服务网络上的服务主体都是该平台的成员，形成养老服务生态系统。同时鼓励个人在该交易平台上制定个人养老计划，明确个人每项养老需求的供给标准，平台将严格执行个人信息保密机制，不向任何组织和个人透露个人养老计划。开发交易平台内部的人工智能推荐养老服务功能，依据养老服务供给和需求特征的最佳匹配算法，在老年人需要及时提供某种养老服务时，由老年人发出服务提供指令，平台第一时间推荐服务供给商，建立不同服务形式之间的衔接机制，让老年人在移动互联工具的帮助下实现各种养老服务消费的无缝衔接。

第二，每个社区建设一个集医疗、护理、康复、教育、文娱、社交等功能于一体的综合养老服务中心，依托该中心建设社区内和社区间的养老服务网络。未来新建小区要配套建设社区综合养老服务中心，对于老旧小区加大现有社区公共空间的改造力度，或者在相邻的几个社区共同建设一个较大的养老服务中心，实现资源共享，同时提供接送服务，方便所有社区的老年人使用。建立社区养老服务网络，促进不同社区养老服务中心之间的资源共享和信息互通，强化每个社区养老服务中心作为关键节点的资源和能力，有效提高整个网络的服务效率和响应速度。开发区域性社区养老服务平台，整合区域内的养老资源，为老年人跨社区使用服务提供便利条件。

第三，社区养老服务网络应该具有高度的连接性，体现多样性和包容性，具备高度的可靠性和动态适应能力，确保养老信息、资源可以高效流通，不同需求的老年人随时都能获得稳定而有效的支持。在构建的社区养老服务网络中，各个网络节点上的养老服务主体要利用物联网和大数据技术形成高度互联的关系，建设一个集信息发布、服务请求、资源调度和紧急响应于一体的智能化养老服务平台，使得满足老年人各层次需求的服务主体都能在网络中发挥作用。社区养老服务网络设立统一的服务质量标准，通过实施定期评估来保障所有服务项目都能达到既定标准，无歧视地服务于所有老年人。建立社区养老服务应急管理机制，包括突发事件的预警系统、应急响应流程和资源储备，确保在紧急情况下能够迅速有效地提供必要支持，提升社区养老服务网络运行的稳健性。

| 第三章 |

机构养老服务的理论与实践

第一节　机构养老服务的相关理论

一、生活方式理论

生活方式理论（lifestyle theory），也称为健康生活方式理论（health lifestyle theory），认为个人生活方式会受到内外部各种因素的影响。生活方式是反映共同兴趣和生活状况的个人独特属性或可识别的行为模式，结合了相关的价值观、态度和取向，从而形成了独特的身份。生活方式表现在社会身份、个人习惯、身体状况以及对健康和福祉的态度等方面。生活方式是由行为者可利用的资源构成，这些资源来自个人所处的多方面环境。有些资源基于群体的地位或其他社会组合，有些资源作为成就属性存在于个人，有些资源来自先天或固有的功能或能力。

关于生活方式的选择有两种观点：一种观点认为个人根据自己的自由意志作出生活方式的选择，因此，生活方式的后果是个人选择的结果；另一种观点指出，尽管个人可以作出自己生活方式的选择，但并非完全出于自己的自由意志，因为除此之外，个人生活方式选择还会受到所属成员群体共同生活方式和成员关系等外部因素的影响。

个人身体状况、经济状况、性格特征、动机倾向、思维模式等个体内部因素会影响生活方式的选择结果。而诸如社会地位、社会资本、社会资源、代理机构、公共政策等个人外部因素也会影响生活方式的选择。社会资本是由成员身份和从家庭到群体中分享而来的资源组成，嵌入了社会结构、组织和关系中。个人内外部因素共同影响着生活模式的确定，任何扰乱既定模式的变化都可能导致生活方式的改变，个人在完全不能适应这些变化的时候，就要转变自身的生活方式。

累积劣势理论（cumulative disadvantage theory）认为这些内外部因素的影响是逐步叠加的，虽然一次出现的不利因素可能产生的影响不大，但在整个生命过程中，当系统性不利因素的累积出现时，会对以后的生活产生巨大而显著的影响。劣势不仅会在整个生命过程中累积，还会产生放大或反馈效应。因此，个人经历的劣势越多，就越有可能积累后续的更大劣势。

累积劣势理论为理解老年人的不平等提供了解释途径，因为它将个人老年生活的结果归因于各种先决条件，诸如早年的教育成就、劳动过程的参与、面临的劳动力市场机会、家庭的组建和解散、养老金和资产的积累，以及健康轨迹的变化都是累积的，并且随着时间的推移而相互关联，在每个人的中晚期产生了不同的人生机会，导致老年时期面临着不平等的局面。从累积劣势理论的角度看，老年人选择机构养老可能是因为在生命周期中不断积累了各种不利因素，如健康状况的持续恶化或社会资本的不断减少，迫使他们寻找更适合自己当前需要的生活安排。机构养老为这些产生累积劣势的老年人提供了必要的护理和社会互动，有助于减轻这些累积劣势的负面影响。

按照连续性理论（continuity theory）的观点，个人生活方式变化具有关联性，即当前生活方式不是突变而来，而是受到之前生活状态的影响，这样个人老年期的生活方式在很大程度上会受到中年期生活方式的影响，这种影响关系将在整个生命周期中都会保持一致。例如一个人在中年期属于开朗活跃者，在进入老年期后也会采取积极老龄化的生活方式。连续性理论认为成年人的个性会保持相对稳定，人们试图在年龄增长的过程中维持与之相协调的行为模式，当目前的生活方式与个人经历相一致的时候，一个人对生活的满意度就较高。随着年龄的增加，人们会用类似的角色替代失去的角色，保持着适应环境的独特生活方式。

连续性理论对居家养老为主、机构养老为辅的养老模式具有一定的解释力。多数老年人倾向于维持中年时期的家庭生活方式，然而由于个体内外部环境发生显著变化并且超出个人的适应能力时，老年人就面临着改变生活方式的抉择。此时，机构养老就可以作为个人能力的代理，通过外部支持的方式减少老年人的生活压力，是解决不同社会地位人群之间养老资源分布不均衡问题的有效手段之一。因为对于那些一生中积极社交、重视社区参与的老年人来说，当不具备继续在家中独立生活的条件时，就可能会选择能够继续提供社交活动的养老机构，以保持个人生活方式的连续性。

生活方式理论为解释老年人选择机构养老的原因提供了理论视角，也为养老机构利用该理论来设计养老服务提供参考。养老机构要为老年人提供多样化的社交活动机会，以满足老年人保持生活方式连续性的需求。同时要考虑老年人累积劣势带来的不良影响，为老年人创造各种条件来尽可能减少这些劣势的影响。此外，生活方式理论还强调了个人生活方式选择会受到外部环境的影响，因此，公共政策和社会资源的分配方式会影响老年人对机构养老的看法。一个具有高度支持性和包容性的社会环境，会吸引更多老年人选择机构养老的方式，特别是能够提供高质量护理服务和积极社交活动的养老机构，对老年人具有更强的吸引力。基于此，生活方式理论也为政府制定养老机构的引导政策提供了决策依据。

二、脱离理论

脱离理论（disengagement theory）也被称为撤退理论或隐退理论，最早在 1961 年由伊莱恩·卡明（Elaine Cumming）和威廉·亨利（William

Henry）提出，其主要观点是老年期的生活与中年期的生活不相同，前者不是后者的延续。由于个人衰老是不可避免的过程，老年人在身心衰弱的时候，不宜再担任社会角色。老年人与社会其他成员之间的许多关系被切断，而剩下的关系在质量上发生了变化，这种脱离关系对个人和社会都是有益的。

脱离理论认为老龄化的特征是逐渐脱离社会关系，而这种关系脱离是社会和老年人所希望的，有助于维持社会平衡。老年人从社会责任中解脱出来，有时间进行个人反思。责任从老年人向年轻人的过渡促进了社会的运转，而不会受到失去成员的干扰。社会接触的减少会导致系统性的和不可避免的脱离过程，这种脱离社会接触的结果会产生新的平衡，在理想情况下会使得个人和社会都达到满意状态。

老年人脱离过程可以由个人或社会来启动，例如个人主动减少活动和社会联系，或者强制性退休制度。当个人和社会都准备好脱离接触时，脱离接触就完成了。当两者都没有准备好时，就会继续脱离接触。当个人准备好而社会没有准备好时，个人和其社会系统成员的期望之间会产生脱节，但通常会继续参与。当社会准备好了而个人还没有准备好时，脱节的结果通常是脱离。如果个人敏锐地意识到生命的短暂和剩余时间的稀缺，感觉到自己的生命空间正在减少，可用的自我能量在减少，那么脱离接触的准备就已经开始了。

该理论认为脱离状态有利于老年人晚年生活和社会继承，可以使老年人脱离职业角色负担而享受人生。脱离过程具有普遍性、单向性和不可避免性，只不过会因为个体面临的内外部因素的差异而表现各异，但是在进入某种状态时，老年人与社会的联系都会切断。

脱离理论受到学术界的质疑，因为它意味着社会工作者和其他管理人员不应试图保持活跃，他们的老年客户或者患者在死亡前就脱离社会了。但是其核心论点认为脱离接触是衰老的一个不可避免的过程，个人和社会之间的许多关系都会改变并最终被切断，对大多数年龄较大的人确实会脱离以前的活动这一现象具有解释力。脱离理论试图在一个单一的模型中描述和解释老龄化的生物学、心理和社会变化的趋同，为养老机构主要接收失能老人提供了理论依据。

因此，脱离理论对机构养老具有借鉴意义，可以帮助构建一个既尊重老年人自主权，又支持他们在生命晚期保持尊严和平静的环境，为此，养老机构应该支持老年人个性化需要的服务，理解他们渐渐减少社会参与的意愿，提供更多的私人空间、安静的环境和个性化的护理计划，支持他们减少社会责任和角色的需求，帮助老年人舒适地进行人生这一阶段的顺利过渡。

活动理论（activity theory）是对脱离理论的回应。活动理论的支持者试图纠正脱离理论中的缺陷，证明那些希望保持参与各种活动和保持社会联系的老年人具有更高的生活满意度。活动理论的基本前提是个人应该尽可能长时间地保持中年的活动，然后寻找具有替代效应的活动，这些活动如果在他们年老时得以维持，有利于保持退休后的生活满意度。根据活动理论，随着年龄的增长，人们会经历诸如丧偶、健康状况不佳和退休等生活事件，这些事件会减少人们的社会参与水平。如果没有得到补偿，这些“角色损失”会导致个人社会活动的减少，进而导致生活满意度降低，特别是当退休等事件不是个人的选择时。因此活动理论倡导人们要积极参与各种新角色，找到先前活动的替代方案，以保持自我价值感，例如，退休后积极参加志愿者活动，就是个人成功适应老龄化的表现之一。

活动理论将活动与心理健康联系起来，建议将活动作为减缓老年负面影响的手段，认为不采取替代活动会负面影响一个人感知的生活质量并加速衰老。活动理论的相关研究还提出老年人活动的质量比数量更重要；老年人的非正式社交活动，如与朋友共进午餐或通过集体活动追求某种爱好，比正式或个人单独活动更有可能提高生活满意度；老年人参与共同任务是生活满意度的重要预测指标之一等。在机构养老环境中，活动理论支持为老年人要提供各种活动和社交机会，鼓励老年人保持积极的生活态度和社会联系。活动理论对于一直习惯于活跃生活、重视社会互动的老年人的养老活动，具有较强的解释力。

研究证据证明脱离理论和活动理论对解释客观现象都具有解释力，在具体应用两个理论时，要与研究对象的社会经济和人口属性等因素联系起来。活动理论可能在经济和社会条件有利于老年人社会参与的环境中具有更高的解释力。例如与发展中国家相比，发达国家老年人的社会参与度和体力活动更高。然而对于发展中国家或者贫穷国家来说，由于个人预期寿命相对较短，每个人都有可能在老年时失去所有或大部分可以与之交往的人，属于一个老年人很少或没有人与之互动的社会，会阻碍老年人的社会参与等活动，此时脱离理论具有较高的解释力。

在实际应用中，机构养老的最佳做法需要结合脱离理论和活动理论，因为不同的老年人对社会参与和活动有着不同的需求。一些老年人可能会从持续的社会活动中获得满足，而另一些可能更倾向于减少这些活动，享受更多的宁静和个人时间。因此，机构养老应灵活应用这两种理论，提供既能满足需要保持活跃社会生活老年人的需求，又能支持需要较多私人空间和安静环境老年人的服务。

哈维赫斯特（Havighurst，1998）在活动理论中提出成功老龄化（successful aging）概念。成功的衰老将个人衰老分为正常老龄化或成功老龄化两种形态。正常老龄化过程中饮食不良、缺乏锻炼和贫困等外在因素会加速衰老的影响；而在成功老龄化过程中，外在因素起着中性或积极的作用。在正常衰老过程中，疾病是衰老的自然组成部分，但没有充分考虑生活方式、营养、锻炼、社会支持和社会结构的差异，这些差异可以缓和衰老的影响，并决定一个人的残疾或患病程度。成功老龄化的三个组成部分：避免疾病、参与生活、保持良好的身心功能。一个人可以通过吃健康的食物、定期锻炼、通过密切的人际关系和为老年人提供有意义的活动，保持社交和智力活跃来满足这三个标准。成功老龄化的一个主要原则是老龄化是可塑的，即个人有能力通过生活方式、营养和其他行为的改变来改变自己的衰老轨迹。

成功老龄化理论将社会学、心理学与生物学联系起来解释衰老过程，结合活动理论深刻影响了养老公共政策制定以及老年人社会服务的发展，也指导了人们如何成功适应老龄化相关的变化，实现个人保持健康、生产力和精神敏锐的持久愿望。积极老龄化（active aging）和健康老龄化都代表类似的概念。积极老龄化被描述为具有“良好生活质量、身心健康和社会参与在内的整体方法”，包括制定支持政策和社会责任，以及促进个人对积极老龄化承担责任。健康老龄化的概念主要基于世界卫生组织对健康的定义，即“完全的身体、心理和社会健康状态”。世界卫生组织将健康老龄化定义为：在整个生命过程中不断优化机会，以保持和改善身心健康、独立性和生活质量。欧洲健康老龄化项目将健康老龄化定义为：优化身体、社会和心理健康机会的过程，使老年人能够不受歧视地积极参与社会，并享受独立和良好的生活质量。

三、委托代理理论

委托代理理论（principal-agent theory）是以参与者理性效用最大化为假设前提，其目的是设计激励和约束机制，让代理人的行为符合委托人的利益，在人口老龄化政策制定和管理中具有深远的影响作用。在养老服务管理中，从宏观层面的角度来看，委托人为政府，代理人是提供养老服务的第三方，例如公立或者民办养老机构等；微观层面的委托人为家庭或者居民个人。委托人以制度激励或者签订合同的方式，委托代理人提供老年人的照护服务。

由于公共部门或者家庭等委托人不能完全掌握养老服务机构的信息，会面对代理人比委托人拥有更多信息的局面，在签订合同关系之前无法充分了解代理人的背景、动机或能力时，可能会发生逆向选择问题，从而委托了不能提供预期养老服务质量的机构，劣质机构以相对低的成本享受到激励政策或者提供养老服务，出现劣质养老服务产品驱逐优质产品的情况，进而导致养老服务市场产品平均质量下降的现象。

委托人对代理人掌握的养老服务质量信息越少，面临逆向选择的风险就越高。这些委托人在签订合同或者执行激励制度之前所不掌握的信息被称为隐形特征，例如民办养老机构的服务能力、管理水平等。当家庭与养老机构签订了老年人照护服务合同就形成了委托关系，由于开展持续监控代理人行为的成本过高，因此在日常照护服务中委托人无法实时观察代理人的服务活动，并且代理人在执行合同中会获得更多信息，而这些信息没有传达给委托人，从而加剧了信息的不对称。代理人利用信息不对称作出损害委托人利益而有利于自身的行为，这种现象被称为道德风险。

为了减少道德风险，委托人在签订合同或者制定政策之前尽量要预测代理人可能发生的行为，提供相应的激励或约束措施让代理人按照委托人的利益来行事。在执行层面，由于委托人不能观察到代理人的实际活动，只能观察到代理人活动的结果，并且如果代理人的环境存在不确定性，活动结果的可验证性会受到影响。因此，委托人必须意识到道德风险发生的可能性，在书面合同或者制度中，避免出现基于隐藏行动来制定激励或约束措施的现象，将代理人的可验证的活动结果与激励约束机制结合起来，将各种可能出现的风险逐项列入，建立绩效评估和问责机制，进而产生更加有效的政策和服务交付结果。

此外，如果对代理人的活动开展持续监督，会引导代理人过度强调受监督的活动，从而忽视了其他无法直接监控的有利于委托人的活动。从执行监督的可行性上来看，公共部门无法实现对养老机构服务质量的实时调查，一个可行的方式是委托独立第三方对养老机构开展运营情况和服务质量的评估，根据评估结果执行激励政策。从家庭层面来看，委托独立第三方监督养老机构尚未在实践中出现，但是从委托代理理论的观点来看，对代理人的活动和行为进行监督是必要的，因此如何从制度上设计出家庭集体委托监督机制也是必要的。

为了避免或减少委托代理中由于隐藏特征带来的不利影响，可以采取三个主要策略：简单筛选、信号传递和自我选择。委托人采用简单筛选策略意味着用传统手段被动收集代理人信息；信号传递策略激励代理人主动公开自身掌握的信息；自我选择策略是要求委托人在信息量较低的情况下开展委托，提供了一系列不同的合同，当代理人选择其中一个合同时，至少会透露出自己的一些信息。

委托代理理论在养老服务领域的一个典型应用就是政府通过公私伙伴关系（public-private partnerships，PPP）来委托社会机构承担养老服务职责。具体做法是政府以公开招标方式选定社会资本作为养老服务项目的合作伙伴，双方签订特许经营协议，约定民办机构在一定期限和范围内提供养老设施和服务，政府提供相应的扶持政策和项目补贴，在合作期终止时政府有权接受项目资产。

第二节　大连市机构养老服务的实践

一、大连市机构养老的发展历程及成效

1. 大连市机构养老经历了从最初的鼓励社会化发展，到大力推进产业化、规范化，再到全面提升服务质量，当前到了构建多元融合、医康养相结合的养老服务新格局的发展阶段。第一阶段是探索起步阶段（2005～2010年），这个阶段的发展特点是养老机构服务的社会化。具体举措包括：对特困老年人入住养老机构给予补贴；制定小型家庭养老机构的设置标准和管理规范；提出“十一五”期间大幅提升养老机构床位数量的目标；出台民营养老机构新增床位补贴和运营补贴政策；建立养老机构服务信息化管理系统；规范社会力量参与养老机构运营要求等。

第二阶段是快速发展阶段（2011～2015年），这个阶段重点推进了养老机构的产业化和规范化。2011年，制定了困难老年人失能状况评估办法，明确了养老机构的床位建设和运营补贴标准。2012年，提出逐步提高困难老年人入住养老机构的补贴标准，扩大保障型养老机构规模。2014年，出台系统性的养老服务业发展政策，明确到2020年养老床位数、护理型床位占比、社会力量举办床位占比等目标，支持规模化、连锁化、医养结合型养老机构的发展，建立了养老机构综合责任保险、服务监管等制

度，落实税费减免等优惠政策。2015 年，支持养老机构开展医疗服务并纳入医保定点，持续推动养老服务管理信息系统的建设。

第三阶段是提质扩容阶段（2016～2020 年），这个阶段全面提升了养老机构的服务质量。主要内容包括：一是全面放开养老服务市场，取消养老机构设立许可，支持社会力量通过公建民营、政府购买服务等方式参与公办养老机构改革。二是提升养老机构的医养结合服务能力，支持养老机构开展医疗、康复服务，将符合条件的养老机构内设医疗机构纳入城乡居民医保定点。三是建立以信用为基础的新型监管机制，建立养老服务市场信用管理体系，加强事中事后监管。四是实施养老服务质量提升三年行动计划，建立养老机构星级评定制度，加强养老护理员职业技能培训与职业资格认证。五是发挥政府投入的引导作用，支持社会资本以多种方式参与养老机构建设运营。六是开展养老机构安全隐患系统性排查整治，建立安全生产长效管理机制。

当前机构养老正处于融合创新阶段（2021 年至今），这个阶段大连市将推动形成居家养老为主体、居家社区机构相协调、医康养相结合的养老服务格局为目标，在规划引领、政策扶持、市场培育、质量提升等方面持续发力。一是制定实施养老专项规划，加快补齐农村养老服务设施短板。二是建立基础养老服务清单制度，优化财政支持方式，提高养老机构运营补贴标准。三是加强养老服务综合监管，建立全市统一的养老机构星级评定体系，强化星级评定结果的应用。四是深化“放管服”改革，继续放宽养老服务业准入条件。五是大力发展医养结合，提升养老机构的医养结合服务能力。六是开展养老护理员职业技能提升行动，推行职业技能等级认定。

2. 大连市将养老机构资源延伸到居家和社区养老服务中，利用公共政策减少老年人的累积劣势，实现了机构养老的补充作用，为老年人提供了多样化的养老生活方式选择机会。大连市推行小型家庭养老院、社区嵌入式养老机构、医养结合养老机构等形式，引导养老机构为家庭提供专业护理等方面的支持，补充了社区内的养老服务能力，为老年人享受多样化的专业养老服务提供机会，使老年人在养老方面有了更广泛的生活方式选择。

小型家庭养老院提供了更加个性化和家庭式的照护环境，符合希望在更小规模、更亲密的环境中生活的老年人的生活方式，有助于满足老年人对社会参与和个性化关怀的需求，减轻了老年人的孤独感和被边缘化的劣势。社区嵌入式养老机构使得老年人既能享受专业的护理服务，又不会与社会脱节，有助于老年人保持其社会角色和身份，减少社会撤退带来的负面影响。医养结合模式满足了老年人身体健康需求与生活照护的双重需求，对于那些健康状况较差的老年人，减少了由健康问题累积带来的劣势。特别是补贴困难老人入住养老机构方面的政策有效减少了老年人的累积劣势，使他们能够负担得起入住养老机构的费用，为所有老年人提供平等的养老机会，减少社会经济差异导致的不平等。

3. 大连市养老机构数量居于国内城市前列，扶持政策的迭代更新推动了养老机构的可持续和规范化发展，使得机构养老供需处于平衡状态。一是养老机构数量位列 GDP 前 30 名城市中的前列。根据“天眼查”平台的数据，大连最早从 1999 年就有养老机构成立，在 2005 年开始提供机构养老服务补贴，养老机构数量经历了一个增长期。在 2014 年提高养老机构运营补贴标准后，每年新成立的养老机构数量又经历了一段时间的增长期，如图 3. 1（a）所示。到 2024 年登记注册且存续的养老机构达到 350 个，数量位居 GDP 前 30 名城市中的第 7 位。

二是补贴政策的周期性影响了养老机构数量的变化趋势。观察图 3. 1（b），从 2004 年开始，每隔 10 年，当年新增养老机构数量形成了一个周期。采用时间序列分解周期性得到图 3. 1（b）中的季节性分解结果，该结果呈现出明显的重复模式，且这种模式在整个时间序列中保持相对稳定，初步判断该时间序列可能存在周期性。

观察图 3. 1（b）在频率略低于 0. 1 的地方有一个突出的峰值，表明在此频率有一个强烈的周期性成分。周期的具体时间通过取峰值频率的倒数得到，因为峰值在近似 0. 1 的频率处，计算得到的周期大约是 10。这个周

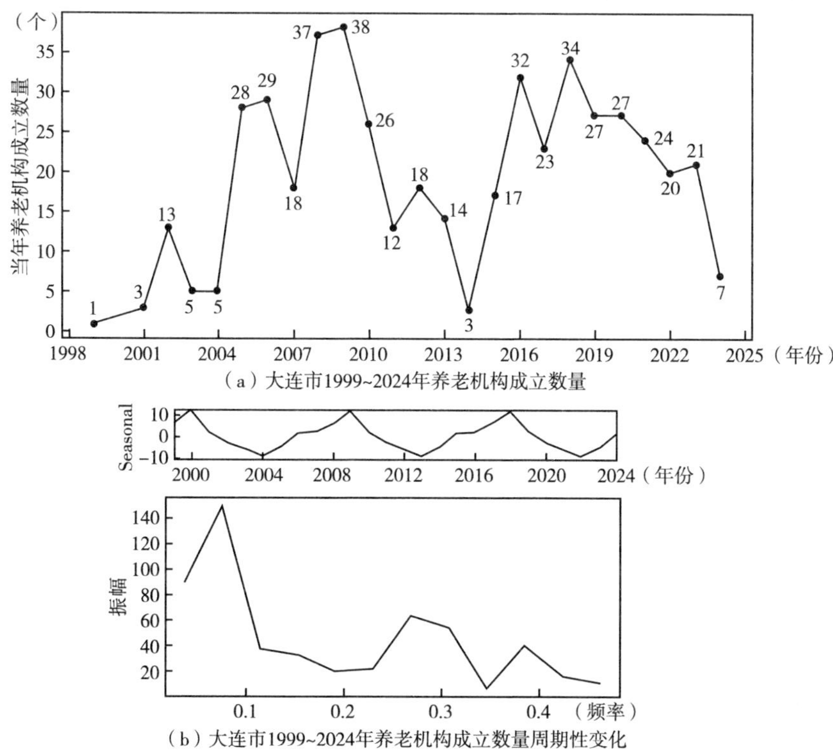

（a）大连市1999~2024年养老机构成立数量

（b）大连市1999~2024年养老机构成立数量周期性变化

图 3.1　大连市各年份养老机构成立数量

期性与大连市两次出台养老机构补贴政策的时间节点相契合。2004 年首次出台后，受政策正向效应的影响，养老机构受到鼓励和支持，每年新增注册数量在不断增加，在中期到达峰值后，政策效应的影响逐年衰减，出现注册数量下降的趋势。在 2014 年提高养老机构补贴标准后，又经历了一个类似的养老机构数量变化过程。

三是养老机构名称管理规范。对大连市正式登记注册的养老机构的名称进行分词后的词频统计，结果显示如下关键词为众多养老机构所用：养老院（211 个）、养老服务中心（58 个）、老年公寓（56 个）、养护院（25 个）、敬老院（24 个）、福利院（14 个）、颐养院（14 个）、托老所（8 个）、养护中心（8 个）、老人院（5 个）。这些关键词的使用频率表明大连市养老机构的命名能够直接体现出服务内容，命名方式规范，也反映了机构养老服务市场的多样性和复杂性。

四是机构养老供需发展较为均衡且居于平均水平。根据网络公开数据，整理得到 GDP 前 30 名城市的有关养老机构床位数和 60 岁以上老年人口数量。按照 3% 老年人入住养老机构的比例，得到每个城市具有入住养老机构意愿的老年人数。绘制 30 个城市的养老机构数和具有潜在入住意愿的老年人人数的关系如图 3. 2 所示，图中的 45 度线是供需平衡的界限，城市名称越接近这条线，代表该城市机构养老供需越平衡。

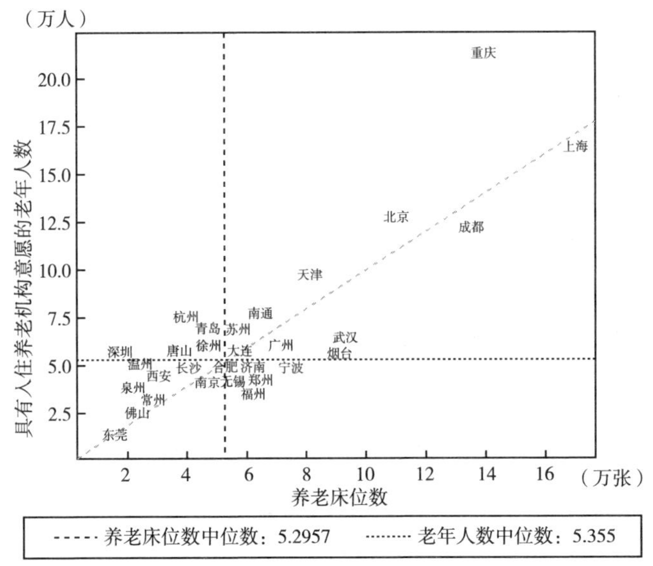

图 3. 2　GDP 前 30 名城市养老机构床位数供需对比分析

大连市 60 周岁以上老年人 184 万人，按照 3% 比例计算具有潜在入住养老机构意愿的老年人数大约为 5. 52 万人。大连市目前养老机构 350 家，可以提供的养老服务床位为 5. 3 万张，其中公办福利机构养老床位 5000 张，农村敬老院床位 7000 张，民办养老机构床位 4. 1 万张。因此，从图 3. 2 可以看出，大连市是 GDP 前 30 名城市中少数几个机构养老供需较为平衡的城市之一，机构养老的潜在需求和床位数都居于 30 个城市的中位数水平。其他具有机构供需平衡状态的城市还有上海、合肥、常州、佛山、东莞等。

二、大连市机构养老的委托代理模型分析

作为委托人，政府将养老服务事务委托给养老机构，即代理人。政府通过制定政策、提供补贴等方式，引导养老机构提供符合公众预期质量水平的养老服务，以满足不断增长的养老需求，因此机构养老符合委托代理关系的基本特征。根据大连市养老机构的相关政策文件，归纳出建立政府和养老机构之间委托代理模型，建模过程中需要考虑的变量和参数取值范围如下：养老机构服务质量标记为 q，取值范围根据养老机构星级评定结果来确定，如一级（$q=1$）、二级（$q=2$）、三级（$q=3$）、四级（$q=4$）、五级（$q=5$）。

政府给予养老机构的补贴额度为 s，包括政府对民办非营利性养老机构给予的新增床位补贴、运营补贴等，其水平受到收住老年人的数量和养老服务质量的影响。

养老机构的成本为 c，由固定成本和根据服务数量确定的变动成本组成；f 为固定成本，包括固定资产折旧等与服务数量无关的费用；变动成本是每位入住老年人带来的额外成本，依赖于服务数量 $n(q)$，假设 n 是随服务质量 q 增加的一个线性函数。

构建政府委托养老机构提供养老服务的委托代理模型如下。

目标函数为：

$$\max_{q,s(q)}[R(q)-s(q)] \tag{3-1}$$

其中：$R(q)$ 是政府从养老机构服务质量 q 得到的效用，$s(q)$ 是基于服务质量的补贴函数，$R(q)-s(q)$ 为政府净效用。

政府效用函数为：

$$R(q)=b\cdot n(q)\cdot\sqrt{q} \tag{3-2}$$

其中：参数 b 体现养老服务质量和入住人数对政府效用的贡献大小。

政府效用函数使用开方形式，是因为政府在养老服务政策中追求社会

福利最大化，这包括提高养老机构的服务质量，以及通过高质量的服务减少社会成本，开方函数能够模拟这种在初期质量提升对社会福利影响较大，而后逐渐平缓的趋势。此外，高质量等级的提升难度及成本通常高于低质量等级的提升，因此使用开方或类似的递减增益函数可以合理地反映出提升高等级服务质量的边际成本。

养老服务质量补贴函数为：

$$s(q) = A(q) + 10000 \times n_{new}(q) + 6000 \times n_{rebuild}(q) + 200 \times n_{self}(q) + 400 \times n_{disabled}(q) \quad (3-3)$$

其中：$A(q)$ 是直接与养老服务质量 q 相关联一次性奖励函数。根据大连市财政给予新建每张床位补贴标准为 10000 元，改扩建每张床位补贴标准为 6000 元，每收住 1 名本市户籍老年人，按照其自理（含半失能）、失能的身体情况，市财政分别给予每人每月 200 元、400 元的标准。$n_{new}(q)$、$n_{rebuild}(q)$、$n_{self}(q)$、$n_{disabled}(q)$ 分别为养老服务质量 q 下新建床位数量、扩建床位数量、自理/半失能和失能老年人的数量，这些数量都与服务质量有关，如高质量养老机构可能更倾向于收住需要更多照顾的失能老年人，提升收住老年人的硬件服务能力。

养老机构的成本函数：

$$c(q) = f + a_2 \cdot n(q) \quad (3-4)$$

其中：a_2 是单位变动成本。

假设关于服务数量即收住老年人数为 $n(q)$ 的函数形式如下：

$$n(q, P) = n_0 + k \cdot q - \alpha \cdot P \quad (3-5)$$

其中：n_0 是基础入住人数，k 是随服务质量线性增加的系数，P 是养老服务的价格。

$n_{self}(q) = n(q) \cdot k_1$、$n_{disabled}(q) = n(q) \cdot k_2$，$k_1$ 和 k_2 分别是收住自理/半自理老人以及失能老人的比例。

养老机构的成本函数转化为：

$$c(q) = f + a_2 \cdot (n_0 + k \cdot q - \alpha \cdot P) \tag{3-6}$$

养老机构的收益函数 $\pi(q)$：

$$\pi(q) = n(q) \cdot P + s(q) - c(q) \tag{3-7}$$

约束条件如下。

养老机构参与约束：

$$n(q) \cdot P + s(q) - c(q) \geqslant 0 \tag{3-8}$$

养老机构接受政府委托的条件是净收益非负。

政府预算约束：

$$n(q) \cdot s(q) \leqslant B \tag{3-9}$$

其中：政府的总补贴支出不超过预算 B。

数值模拟结果如下：根据“大连养老地图”中一家五星级养老机构的数据，设定模型参数如下：固定成本 $f=160000$，单位变动成本 $a_2=3000$，效用系数 $b=8000$，服务价格 $P=5000$，政府预算 $B=500000$，基础入住人数 $n_0=30$，服务质量增长系数 $k=35$，收住自理/半自理老人比例 $k_1=0.6$，收住失能老人比例 $k_2=0.4$，价格敏感系数 $\alpha=0.03$。$A(q)$ 为分段取值函数，q 大于等于 4 且小于 5 时，$A(q)=200000$，q 大于等于 3 且小于 4 时，$A(q)=100000$，q 大于等于 2 且小于 3 时，$A(q)=50000$，q 小于 2 时，$A(q)=0$。假设新建床位数量 $n_{new}(q)$ 和扩建床位数量 $n_{rebuild}(q)$ 各为 10。编写委托代理模型求解代码，得到分析结果如图 3.3 所示。

从图 3.3（a）显示政府委托养老机构提供服务所获得的效用随着服务质量的提高而显著增加，政府给予养老机构的补贴也随养老服务质量的提高而增加，但其增速与效用增速相比较慢，说明较高级别的服务更能增加政府效用。

从图 3.3（b）表明随着养老机构服务质量的提升，政府净效用也逐步提高，尤其是当服务质量达到五星级时（模型最优解），净效用达到最大。这意味着在给定的参数和模型下，政府通过补贴激励养老机构提供最高级别的服务，能够得到最大的净社会效益。

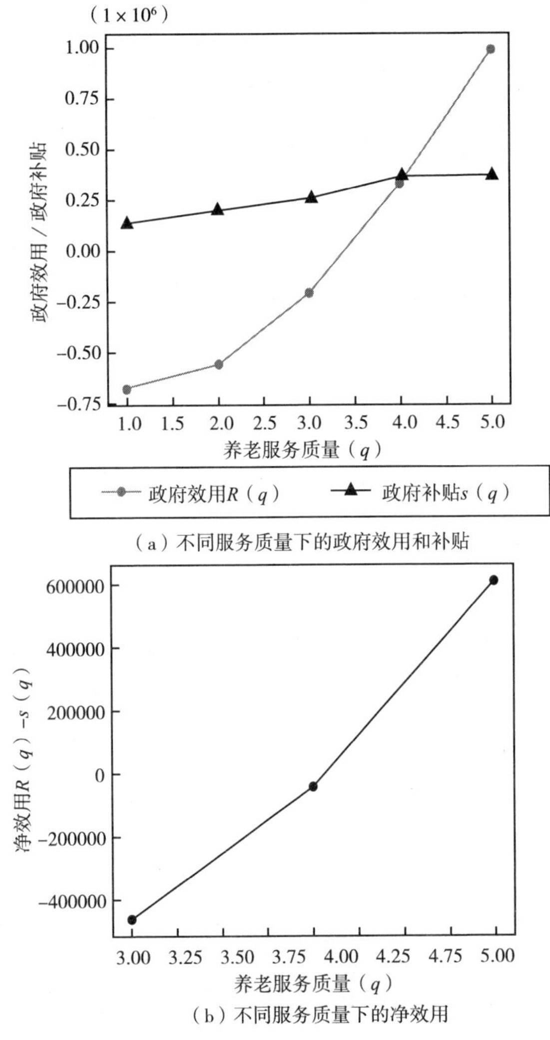

（a）不同服务质量下的政府效用和补贴

（b）不同服务质量下的净效用

图 3.3　五星级养老机构委托代理模型数值模拟最优解

以上委托代理模型分析结果表明，尽管对更高质量的服务提供更多的补贴会增加政府的直接支出，但这种投资能带来更大的社会效用，因此政府应该倾向于支持高星级的养老服务。模型的输出结果与现实中的养老机构评级相匹配，说明模型有效地反映了现实情况，表示模型的假设、参数设定和逻辑在实际应用中是合理的，委托代理模型能够为机构养老问题提供有效的解决方案，可以作为一个重要的工具来帮助评估和优化机构养老补贴政策效果。

三、大连市机构养老服务的实践经验

1. 大连市对养老机构运用了经济杠杆、品牌信誉、需求导向等多重激励手段，构建了委托人与代理人的利益协同机制。大连市构建了涵盖运营补贴、新增床位补贴、养老机构星级评定、需求侧补贴等多方面的机构养老激励机制，有效引导养老机构提供优质服务。运营补贴和新增床位补贴在推动养老机构扩大规模和吸引社会资本设立养老机构起到积极作用，将补贴水平与入住率和收住本市户籍老人数量等体现运营绩效的指标关联，保障了机构养老供需的总体均衡状态。

大连市结合实际制定了本地养老机构星级评定标准，通过第三方评价和专家集体审核，截至 2024 年，确定出养老机构五星级 4 家、四星级 9 家、三星级 23 家、二星级 25 家、一星级 4 家，接近 20% 的机构获得星级评定结果，并且在“大连养老地图”中按照星级展示每家机构的详细信息，有助于老年人和家庭成员更好地选择合适的养老机构，相当于公共部门对获得星级的机构养老服务质量的背书，有利于推动养老机构积极竞争和提高行业整体的声誉和形象。

大连市最早从 2005 年开始对老年人入住养老机构提供补贴，从需求侧激励提升了老年人选择养老机构的意愿，通过供给需求双向激励联动的方式增强了机构养老委托代理关系的稳定性和互信度。

2. 大连市对养老机构开展定期的服务质量评估，将养老机构的收费标准、软硬件条件和星级评定结果在“大连养老地图”上向全社会公开，构建了透明、公开的养老服务质量约束手段。由于政府与养老机构之间存在信息不对称的问题，难以完全监控养老机构的服务质量和成本信息，可能出现养老机构只追求自身利益而降低服务质量的机会主义行为。为解决该问题，大连市通过养老机构质量的现场评估检查、在“大连养老地图”上公开养老机构信息等手段，建立了保障机构养老服务质量的约束机制。

从 2013 年以来，大连市定期对全市的社会化养老机构开展服务质量评估，委托第三方从个人生活照料服务、基础护理、心理/精神支持服务、康复训练指导服务、机构内感染控制、安宁服务、安全保护服务、环境卫生服务等 14 个方面开展现场评价。从 2017 年开始，开展了养老机构服务质量建设专项行动，对影响养老机构服务质量的运营管理、生活服务、健康服务、社会工作服务、安全管理五个方面22 项内容进行现场检查，发现多数机构存在的共性问题，并向每一家养老机构反馈需要重点整改的问题。这种监督机制有助于防止养老机构因为违规行为而产生的道德风险，能够及时识别出机构养老运营过程中存在的风险并采取相应的规避措施。

在“大连养老地图”中，公布了所有养老机构的服务信息，包括护理费和床位费以及膳食费等标准、收住的老年人类型、总床位数和可用床位数、法人资质照片、医疗资质照片、实景照片，入院指南、机构概况和配套设施，以及政府监督电话等。“大连养老地图”有助于降低委托人与代理人之间的信息不对称，使老年人及其家属可以更清晰地了解到全域范围内养老机构的发展情况，便于根据自己的需求和偏好选择合适的养老机构，同时让监管部门和社会公众更加方便地监督养老机构的运营情况，从而推动机构养老市场的良性发展。

3. 大连市在推进机构养老服务与医疗、社区、教育等领域融合发展方面，采取了一系列行之有效的政策措施，有助于实现养老资源的整合和优化配置。大连市不断创新机构养老与居家社区养老、医养结合等新业态，拓展了养老服务委托代理的广度和深度。特别是通过“放管服”改革，政府将更多养老服务事务委托给市场主体。

在医养结合方面，支持有条件的养老机构设置医疗机构，要求 300 张床位以上的养老机构设置综合门诊部，条件允许的可申请设立医院。鼓励养老机构与周边医疗卫生机构开展多种形式的合作，由后者为养老机构提供基本医疗服务。将符合条件的养老机构内设医疗机构纳入医保定点范围。支持医疗机构在养老机构设立服务站点，提供嵌入式医疗卫生服务。同时大力推动将养老机构内设医疗机构纳入医疗联合体，实现双向转诊和一体化连续服务。

支持养老机构在社区开设服务网点，为周边社区提供日间照料、助餐助浴等社区嵌入式养老服务。例如在社区养老服务中心内嵌入小型养老服务机构，方便老年人就近入住。引导专业养老机构为社区养老服务组织提供技术支持，发展居家养老服务各方融合的新发展模式。

在教育培训融合方面，支持社会力量与养老机构、医院、学校等共建养老服务实训基地，由各方形成合力，加快提升养老服务从业人员的服务能力。

第三节　机构养老服务理论的检验与实践启示

一、理论检验结果

第一，政府和养老机构之间的关系符合委托代理理论，政府通过运营补贴、新增床位补贴、养老机构星级评定、需求侧补贴等综合途径来构建激励机制，采用服务质量评估和信息公开形成约束机制。

第二，机构养老与居家和社区养老开展深度融合，为老年人提供多样化的生活方式选择。

第三，养老机构根据脱离理论和活动理论同时为老年人营造在“私密与开放”“休养与活跃”之间取得平衡的环境，既要为老人提供独立的起居空间，同时还要配备开放的活动场地和设施。服务内容上，既要照料好失能老人的起居，同时也要开展适合健康老人的社交、学习、娱乐、健身等活动。管理模式上，尊重老人的独立意愿和隐私，提供个性化服务；同时鼓励老人融入集体，营造积极向上的氛围。

未来研究方向可以探讨如何优化机构养老中的委托代理关系，构建更为有效的激励机制和绩效评估系统，以减少信息不对称、利益冲突等问题。在大数据和人工智能技术的融合下，研究新兴技术对传统的机构养老中委托代理关系的影响，探索实时动态监管养老服务质量的机制。

从生活方式理论的视角来看，未来可以比较不同文化背景下的老年人的生活方式，研究文化因素对老年人选择机构养老的影响机制，尤其是在养老机构中如何实施有效的生活方式干预措施，以提升老年人的认知功能和防止认知衰退。探索机构养老环境设计对促进积极生活方式的作用，包括如何利用户外空间、优化室内布局等养老环境。研究养老服务政策、健康促进政策等影响老年人选择机构养老生活方式的机制，探讨在机构养老中如何促进老年人采取环境友好和可持续的生活方式，以及机构养老对环境造成的长期影响。

在脱离理论的未来发展方向上，可以研究在机构养老中老年人社会脱离过程的心理变化，以及如何通过心理干预提高他们的适应能力和生活质量。探讨老年人如何在脱离过程中进行顺利的角色转变和身份重塑，以及养老机构支持老年人在这一转变过程中保持积极自我认同的方式等。此外，还可以研究如何利用虚拟现实、人工智能等现代技术，帮助机构养老中的老年人保持适度的社会联系和情感交流。有必要比较和整合脱离理论、活动理论、连续性理论等老年学理论，探索多元理论视角下的机构养老服务的发展方向。

二、实践启示

第一，面向未来整体人口素质提升带来的高质量养老服务需求，通过长期发展规划设计，逐步提高机构养老的服务标准，最终实现养老机构服务水平的均等化。

随着人口结构的变化，特别是“70 后”“80 后”“90 后”这些群体逐渐步入老年，将会有更多的人选择机构养老服务。这些人群在数字化、个性化和生活品质等方面的要求比当前老年人的要求更高，因此需要深入研究未来老年人口的规模、特点和对机构养老的更高需求，推动养老机构提高服务标准以满足他们的期待。

在此过程中需要逐步完善养老服务标准，充分实现未来养老人群的理想状态。通过定期的检查、评估和认证，监督所有养老机构遵守统一的养老服务标准。以政府补贴、公益基金等方式为养老机构提供资金支持，尤其是推动那些服务质量相对较低的机构加快发展，使得所有养老机构的服务质量同步得到提升，让所有老年人在任何养老机构都能享受到相同标准的养老服务，最终消除养老服务质量因地域、经济状况或机构性质不同而产生的差异，使得每个老年人都有平等获得高质量养老服务的机会。

第二，持续推动机构养老向居家和社区养老的延伸，不断提高未来产业对养老机构的赋能力度，以养老机构为核心构建养老产业链，实现老年人在居家、社区、机构养老方式的无缝衔接。

政府作为委托人，通过制定鼓励政策来引导养老机构向居家和社区养老延伸，建立三种养老方式之间的资源动态优化配置机制，实现养老资源的共享，让老年人在居家、社区和机构养老过程中都能享受到高质量的均等服务。将养老机构作为社区居家养老服务网络构建中的重要节点，采用与现有社区养老服务中心合作或者作为养老服务整合者，让养老机构发挥产业链上的链主作用。当然，实现这一点，就需要政府部门制定扶持政策，推动未来信息、未来健康、未来生物医药、人工智能、智能家居等未来产业为养老机构赋能。

第三，逐步推进人工智能在机构养老服务中的应用，实现养老机构服务质量的实时监控和智能分析，大幅减少信息不对称，使家庭成员、监管机构和其他利益相关者能够更加透明地了解机构的服务质量和运行状况。

探索统一推进人工智能监控系统在养老机构中的应用机制，由公共部门开发，利用视频监控、传感器等技术实时监测养老机构的各项服务和运营情况，特别是服务过程中的风险和规范性等。通过人工智能算法，对监控数据进行分析和处理，及时发现异常情况并提出预警，实时将养老服务提供过程中的不合规范和标准的行为反馈给监管部门。该监控系统由政府公共部门统一维护管理，以保证监督体系的公平有效。

| 第四章 |

养老服务人力资源管理理论与实践

第一节　养老服务人力资源管理的相关理论

一、人力资源配置理论

人力资源配置理论是解决在给定条件下如何在各种使用方向上配置人力资源，以达到利用效率最大化的目标。人力资源配置效率主要从行业、地域、组织三个方面来进行分析，通过市场机制实现人力资源的分配。

人力资源在行业上的配置是指不同类型的人力资源在各行业之间迁移和流动后的分配结果，体现在人力资源数量和质量上的差异，受到行业劳动报酬水平、行业投入要素密集程度等因素的影响。当某个行业的平均劳动报酬水平高于其他行业时，该行业对人力资源的吸引就具有竞争力。此外，劳动密集型行业中劳动力要素投入比例大，对人力资源数量上的要求高于质量要求；对于资本密集型行业物质要素投入比例高于劳动力要素；对于知识密集型行业高质量的人力资源投入更为重要。

目前养老行业属于劳动密集型行业，需要大量的劳动力迁移到行业内，但是与其他服务行业相比，养老行业具有特殊性，要求行业从业人员除了数量上满足照护老年人的需求之外，例如照护人员与失能老年人的比例不低于1∶5，还需要照护人员掌握更为专业的老年人服务和护理知识，因此养老行业还兼具一定知识密集型行业的特性。

人力资源配置还会受到行业相关性的影响，如果养老行业相关的行业，例如家政行业、医疗行业等行业内出现了人力资源配置问题，就会对养老行业的人力资源配置效率产生影响。因此需要从相关行业协调配置的角度来考虑人力资源配置问题，注重培养跨行业的发展人才，例如在智慧养老行业内就要培养同时掌握信息技术和养老知识的人才。

人力资源的行业配置还受到专业化水平的影响，要求劳动力市场提供充足的、适应本行业发展要求的专业人才，使得该行业人力资源专业化程度得以保障和稳步提升，进而促动该行业产出效率的提高。行业专业化程度的提升对保障行业产品和服务质量具有重要作用，促使行业平均报酬率和专业人才行业影响力的提高，从个人报酬和发展成就两个方面同时吸引优秀人才进入该行业。

根据贝克尔（Becker，2016）提出的人力资本投资均衡条件，劳动力对自身人力资本投资的边际成本与年龄成正比，劳动力的未来预期收益与年龄成反比，意味着中年时期的劳动力对自身人力资本投资的动力相对年轻人表现不足，到了老年时期人力资本投资会更少。

人力资源的地域配置属于宏观领域的资源分配，受到区域经济社会发展水平、国家发展战略导向等因素的影响。对于诸如养老这样的不分地域都存在相同需求的行业，经济社会发展水平越高的区域对人力资源的吸引力就越强。此外，国家的中长期发展战略、行业政策、地区扶持政策等都会对人力资源的区域配置产生影响。

特别是相关政策制定的合理性将会同时影响人力资源在行业和地域的配置结果，例如出台针对某个行业的人才补贴政策对行业吸引劳动力产生正向影响，该项补贴有助于提升人才收入和人力资本投资，积累该行业或区域内的人力资源存量。

人力资源在组织内的配置属于微观领域的资源分配问题，除了要与组织内物质资本的配置保持合理关系之外，还要达到人岗匹配的目标，让员工在组织内产生符合预期水平的工作绩效。养老机构的人力资源配置要从养老需求分析入手，通过有针对性地招聘挑选具备同理心和专业服务技能的员工，同时要重视员工的培训与职业发展，通过有效的绩效管理机制，提升员工工作效率和满意度。

二、胜任力理论

胜任力理论最早由麦克利兰（Mcclelland）在 1973 年提出，胜任力是指人力资源个体的知识、技能、品质等适合某个岗位工作要求的能力水平，其具有绩效导向、可观察、情景依赖、动态性、多维度属性等特征。

养老服务的胜任力理论是针对养老服务人力资源具备的关键特征的综合结果，体现了个人从事该岗位时需要具备的知识、技能、行为和个体特征等，是对岗位人员产生高绩效时必需的条件，对开展养老服务人员选聘、岗位技能培训具有指导意义。

目前常见的胜任力理论主要包含冰山模型和洋葱模型两种。冰山模型将胜任特征描述为漂浮在海面上的冰山，分为显性和隐性两种类型，知识、技能属于显性能力，像漂浮在海面上的冰山；而自我概念、动机、特质属于隐性能力，被比喻为隐藏在海面下的冰山。

养老服务从业人员的显性胜任力主要包括：养老服务相关的专业知识，包括老年人的生理、心理、社会特点，老年疾病的预防，老年人的营养和饮食，老年人的康复与保健等知识；养老服务的专业技能，例如老年人的日常生活照料，老年人的心理疏导和情绪调节，老年人的健康评估与监测，老年人的紧急救助，老年人的辅助器具使用等技能；养老服务的基本素养，包括但不限于职业道德、法律意识、服务意识、责任心、沟通协调能力、团队合作能力、创新和学习能力等。显性胜任力是养老服务从业人员的基本要求，一般可以通过培训来提升，较为容易采用直接观察效果的考核方式来评价。

养老服务从业人员的隐性胜任力主要包括：从事养老服务工作的动

机，例如对养老服务工作的兴趣，参与养老服务工作内部驱动力等；养老服务相关的自我概念，包括对自己参与养老服务工作的职业认同感，顺利完成养老服务能力工作的信心，对养老服务职业发展的个人期望等；养老服务工作相关的特质，如对老年人的尊重，对老年人的耐心和细心，对老年人的理解，以及对老年人的包容等。隐性胜任力是潜在的深层次特征，不容易被直接观察和评价，但却是决定养老服务岗位绩效高低的关键因素，因此被称为鉴别性胜任力。隐性胜任力是养老服务从业人员的核心竞争力，主要通过激励和引导来培养并发挥作用。

洋葱模型是在冰山模型的基础上改进而来，将个性和动机比喻成为洋葱的最内核，再向外一层是态度和自我认知，最外一层是知识和技能，该模型认为显性胜任力和隐性胜任力具有层次关系。根据洋葱模型，养老服务人员的胜任力可以分为三个层次，从内到外依次如下。

（1）隐性的胜任力主要包括个性和动机，是养老服务从业人员能力的内核，决定了他们对养老服务工作的驱动力量和发展目标，是最不容易改变和培养的深层次特征。

（2）中间的胜任力主要体现为态度和自我认知，是养老服务从业人员能力的中间层，反映了他们对养老服务工作的看法和价值观，是可以通过外部影响来发展的中层次特征。

（3）显性的胜任力表现为知识和技能，是养老服务人员能力的最外层，展示了他们在养老服务工作中的专业水平和实际能力，是可以通过培训和考核来直接得到提升的表层次特征。这三个层次的胜任力相互影响，相互支撑，共同构成了养老服务人员的能力素质体系。

三、激励理论

激励理论研究调动员工工作积极性的途径，认为员工的工作态度会影响到工作效率，而工作态度会受到需要的满足程度和激励因素的影响。目前主要的激励理论有双因素理论、期望理论、公平理论等。

1. 双因素理论也被称为激励—保健因素理论（motivator hygiene theory），最早由赫茨伯格（Herzberg）在1959年提出，他认为员工在工作中的满意度会受到两类因素的影响，分别是保健因素和激励因素。工作环境中具有保健因素时不会导致员工满意，但是如果缺少保健因素时则会引发员工的不满。如果工作环境中具有激励因素时会推动员工产生满意感，但是缺少激励因素也不会带来员工的不满意。双因素理论认为管理者要同时考虑员工的满意和不满意两种工作状态。

养老服务从业人员的保健因素包括薪酬待遇、工作条件、人际关系、组织氛围等。保健因素侧重于提高养老服务人员的收入水平和福利待遇，配备必要的工作条件以减轻工作压力，避免出现从业人员产生不满意的情况。

养老服务从业人员的激励因素包括工作成就、职业发展、个人成长、工作兴趣、责任感等，与自我成长或自我实现的需求相关。激励因素被称为内在因素，因为它们来自工作本身。例如，为养老服务从业人员提供一定水平的工作挑战，开展各类培训，提高从业人员的专业知识和技能水平，同时给予养老服务人员适当的工作自主权，建立有效的绩效评价反馈机制，促进个人在养老服务工作中取得被组织认可的成就，以增强他们的自我效能感。此外，开展丰富的荣誉表彰活动，树立养老服务从业人员的示范榜样，提高从业人员的社会地位，增强个人的荣誉感和使命感等。

赫茨伯格的双因素理论研究没有考虑到不同行业、职位、文化等因素导致的个体差异，有的研究发现两种因素都会影响工作满意度和不满意度，激励因素和保健因素并不是相互独立的，而是有着显著的相关关系。此外，有些因素同时具有激励因素和保健因素的特征，还有的研究揭示了公共部门的员工比私营部门的员工更看重激励因素的作用。

2. 期望理论（expectancy theory）最早由维克托·弗鲁姆（Victor H. Vroom）于1964年提出，他认为在激发员工工作潜力的时候，会受到期望值和效价两个因素共同作用的影响。期望值体现了养老服务从业人员判断实现工作目标的可能性，受到自我能力、工作难度、工作支持等因素的影响；效价是养老服务从业人员对工作目标的价值判断，受到个人的价值观、个性特征、社会环境等因素的影响。期望理论认为目标实现的可能性越高，同时实现目标的价值越高，养老服务从业人员获得的激励程度就越大，因此既要提高他们的工作能力，又要提高他们的工作价值认知，从而激发员工的工作动力。

3. 公平理论（equity theory）最早由亚当斯（Adams）于1965年提出，他认为员工通过社会比较的结果来判断自身对收入的满意程度，相对公平是保证员工满意度的重要因素。每个员工会把自身付出的劳动和所得的报酬与他人进行横向比较，也会将现在付出的劳动和获得报酬与自己过去进行纵向比较。经过对比后，如果个人发现自己的付出和回报比例与他人的相同或更好，或者现在的付出和回报比例与历史相同或更好，个人就会认为得到公平合理的对待，产生满意感进而导致积极工作。如果发现以上比例不相等或者变差后，个人就会产生不公平感，出现不满意进而工作积极性下降。

为了提升养老服务人员的公平感，首先需要建立与工作绩效挂钩的薪酬激励机制，使收入水平与工作质量、工作数量相匹配，避免出现同工不同酬的现象。根据公平理论，需要为养老服务人员提供与工作难度和工作压力相适应的工作资源保障机制，建立按照统一标准来执行的职业晋升等职业发展制度，对养老服务人员的工作表现能够按照科学的方法进行评价等。

第二节　大连市养老服务人力资源管理的实践

一、大连市养老服务从业人员的配置情况

1. 城市经济发展水平、老年人数、行业投入、相关行业和扶持政策会对养老服务从业人员数量产生影响。按照2022年GDP排前30名城市的数

据，统计结果表明养老服务从业人员数量与城市的人均 GDP（或 GDP）并未存在显著的相关关系，但是将60岁以上老年人数作为控制变量，养老服务从业人员数量与城市的人均 GDP 和 GDP 的偏相关系数显著且分别为0.380和0.459，说明一个地区的经济发展水平越高，对养老服务从业人员的吸引力越强。因为60岁以上老年人数与城市 GDP（或人均 GDP）不相关，表明经济发达区域尚未出现严重的老龄化现象，剔除老年人数带来的需求侧影响之后，偏相关系数显著意味着地区的经济水平是决定养老服务人力资源配置的一个重要因素。

此外，在剔除 GDP 的影响之后，养老服务从业人员数量与60岁以上老人数量、总人口数、养老行业机构数量、第三产业增加值等都存在显著的正相关关系，偏相关系数分别为0.715、0.687、0.376和0.753。这说明在不考虑经济发展水平的前提下，60岁以上老年人数量越多的城市，老龄化程度越高，具有较高的养老需求，带动养老行业的要素投入增大，使得养老机构的数量上升，加上其他相关第三产业的发展，导致养老服务从业人数的数量也较多。

从北大法宝数据库获取养老政策数量，将其与 GDP 排前 30 名城市的养老服务从业人员数量与养老政策数量进行相关分析，结果呈现出显著的正相关关系，相关系数为0.698（$P<0.001$），说明养老政策的数量直接影响养老服务行业的人力资源配置。

按照失能、半失能老人 20% 的比例，选择社区、机构养老 10% 的比例，以及照护人员和老人 1∶5 的比例，估算这 30 个城市目前合理配置的养老服务人员数量后，将现有数量与估算数量相比，通过配对差异性检验后发现二者不存在显著差异（$t=1.274$，$P=0.214$），说明当前环境下养老服务从业人员的配置总体上符合理想状态。由于以上因素导致的配置结果存在差异，从 30 个样本城市的数据来看，除了上海、广州、苏州三个城市实际人数远超理想人数之外（超出 10000 多人），其他 15 个城市都存在人数不足的现象。

如果用养老服务从业人员现实和理想数量的差异与人均 GDP 和养老政

策数量进行相关性检验，相关系数分别为0.402和0.539（$P<0.05$），表明经济发达城市对养老从业人员具有虹吸效应，人员从经济水平低的区域向经济水平高的区域流动；政府出台的扶持政策力度越大，越营造出吸引人才的政策环境。如果GDP排名前30的城市呈现出随着经济发展水平带来的虹吸效应，那么全国经济排名位次靠后的城市在留住养老服务人员的吸引力上就会非常弱，因此需要对经济欠发达地区的养老服务人员发展给予更大力度政策支持。

2. 大连市养老服务从业人员数量位于30个城市的中游。大连市养老服务从业人员大约有6000名，按照180多万老年人口计算，每万名老年人拥有的养老服务人员为32.6人，接近30个城市中这个数据的中位数37.3人。按照30个城市的数据，每万名老年人拥有的养老服务人员数量的上下四分位数分别为49.2和30.0，这个区间包含了50%的城市，代表着通常情况下一个城市每万名老年人拥有的养老服务人员的数量。大连市的数据位于该区间，表明大连市的养老服务从业人员配置与30个样本城市中的半数情况相近，处于较为常见的状态。根据理论估算结果，大连市养老服务人员还存在近2000人的缺口，尤其是对失能老人护理所需的医养结合型专业人才存在结构性短缺。

3. 大连市不同区域内养老服务从业人员在年龄、性别、户籍和学历等特征上存在差异。为了分析大连市内养老服务从业人员的配置情况，向大连市各区市县的养老组织发放问卷573份，具体调查结果如下。

大连市养老服务从业人员年龄在45岁以上占比为71.27%，这个年龄段的人员是养老服务从业者的主体，50岁以上的人员占到36.55%，而35岁以下的年轻人仅占总人数的9.32%，这与国内其他地区养老服务从业人员年龄偏大的现象相一致，其主要原因是目前养老服务行业在收入水平、社会认可度、职业发展空间等方面尚存在不足，导致年轻人缺乏从事养老服务业的动力。根据贝克尔的人力资本理论，养老服务从业人员的年龄结构偏老，表明养老服务人员的人力资本投资的成本会相对较高，而收益相对较低。因此，如果外界不要求强制培训，那么他们中的绝大多数可能不会主动提升自身的养老服务工作能力，这也从理论上解释了实践中政府持续开展养老服务行业培训的根本原因。

在大连市从事养老服务的人员中，女性人员占76.84%，接近八成，而男性所占比例较少，仅为23.16%；中专以下学历的人员所占比例最大，达到64.67%，大专和本科学历占比为34.61，也有少数研究生学历的人员从事养老服务，但是所占比例非常小，仅为总人数的0.72%。

在养老服务从业人员的性别和学历分布两个方面，大连市的情况与国内其他城市的情况基本一致，都是以女性为主体，男性偏少，中专以下学历的人员为多数，高等学历的人员为少数。这主要是因为目前养老服务工作劳动强度大、收入相对较低、社会认可度不高，对男性或者高学历人才缺乏工作吸引力。

大连市内四区（中、西、沙、甘）与其他区域相比，养老服务的从业人员数量分布整体上并未表现出显著差异，但是在年龄、性别、户籍和学历等方面有差异。具体来说，市内四区45～50岁、男性、大连市户籍、大专以下学历的养老服务人员所占比例相对于其他区域要小（独立样本 t 检验 $P<0.001$，t 值小于0），本科学历的养老服务人员比例高于其他区域。这个结果说明大连市核心城区的养老机构对高学历的从业人员吸引力更大，从业人员相对其他区域的人员要更年轻且女性占比较高，而本地户籍的人员从事养老服务的比例较小。整体来看，养老从业人员中大连市户籍比例（73%）高于非大连市户籍（均值差异0.61，$P<0.001$），公办养老机构与民办养老机构相比，大连市户籍养老服务人员的比例要较高。

二、大连市养老服务从业人员的胜任力及激励措施

1. 开展养老服务专业教育和持续性的职业培训，培养从业人员的显性胜任力。在养老服务相关的专业知识和技能方面，大连市通过在高等院校和中等职业学校增设养老服务相关专业和课程，为养老服务行业建立了系统性的教育体系。开设的“智慧健康养老服务与管理”不仅覆盖了传统的

养老服务知识和技能，还融入了智慧养老的新概念和新技术；开设“养老服务管理”本科专业，标志着大连市在培养养老服务行业高级管理人才方面迈出了重要步伐。大力推行养老服务专业学历教育，更有利于培养出一批具有显性胜任力的从业人员，但是隐性胜任力通常难以通过传统的学历教育来培养，需要从业人员在长期的工作实践和生活经验中逐渐形成和发展。

通过持续且系统的职业资格和持证上岗培训，设置持证上岗率的标准，强制养老机构优先招录具有职业资格证书的护理员，有助于从业人员不断更新知识体系，掌握最新的养老服务方法和技术，推进养老行业一直具有高度的显性胜任力达标率。因为养老服务行业的显性胜任力要求随着技术进步、服务模式创新以及政策法规的更新而不断变化，需要从业人员不断学习和适应，所以来自外部的持续培训对保持高水平的显性胜任力非常重要。而隐性胜任力在个人成长和社会化过程中形成，变化速度较慢且相对稳定。

2. 提供养老服务相关专业人才入职奖励，宣传职业荣誉与推动技能竞赛，培养从业人员的隐性胜任力。大连市通过提供入职奖补和改善薪酬待遇，增强了养老服务从业人员的经济收益，进而提升了养老职业的吸引力。这种从保健因素方面入手采取的经济激励措施，直接关系到从业人员的生活质量，有利于保持职业的稳定性，培养从业人员长期承担养老服务工作的积极态度。此外，将职业技能等级与薪酬待遇挂钩，鼓励从业人员不断提升自身养老服务技能，获取更高级别的职业资格认证，以增强从业人员的自我提升动力和职业成就感。

大连市通过表彰会、宣传册、新闻媒体等方式大力宣传养老服务行业的先进典型，积极举办养老服务职业技能大赛，有效地提升了养老服务行业的社会地位和认可度，不仅树立了养老服务职业的正面形象，还激发了从业人员的职业荣誉感和归属感，这对于培养隐性胜任力，例如工作动机、工作信心等都具有积极的影响作用。

大连市在养老服务从业人员管理上的具体工作，很大程度上契合了胜任力理论的洋葱模型结构。大连市通过一系列政策和措施，特别是通过经济激励、职业培训、社会认可等手段，从外层的技术技能到内层的价值观和信念，全方位地提升了养老服务人员的胜任力，有效地促进了从业人员各层次胜任力的有效提升。

3. 通过持续提升薪酬待遇和福利保障水平，建立职业技能等级体系和晋升通道等措施，为从业人员提供保健因素和激励因素。大连市在养老服务人员激励中的实践与赫茨伯格的双因素理论契合。通过提高养老服务人员的收入水平和福利保障，使得人员的基本经济需求得到满足，配备必要的工作设施以减轻工作压力，同时保障工作场所具有安全健康的环境，这些都符合保健因素的要求。建立职业技能等级体系，提供养老服务人员职业发展空间，开展各类培训和学习，提高专业技能水平，开展养老服务人员的荣誉表彰活动，这些都属于提供激励因素的范畴。

大连市在养老服务从业人员管理中的实践与期望理论的核心原则也相符。通过提高养老服务从业人员对于工作目标实现的期望值，建立工作表现与奖励之间的联系，以及提升工作目标的个人价值，大连市有效地激发了养老服务人员的工作动力。

由于养老服务行业具有高强度的体力劳动、相对较低的薪酬水平、相对狭窄的职业发展路径等特点，可能会影响从业人员的公平感受。尽管许多从业人员对养老服务工作具有较高的责任感，但这些行业特点仍有可能导致他们感受到不公平的问题。

三、大连市养老服务人力资源管理的实践经验

1. 鼓励各类在连院校开设养老服务相关专业，培养一大批养老服务与管理的高级人才。大连市在 2014 年出台了《关于加快发展养老服务业的实施意见》，鼓励在大连的高等院校和中等职业学校开设养老服务相关的专业，积极推动开展养老服务学历教育，培养老年医学、康复、护理等方面专业人才。

例如，大连职业技术学院在全国首创了“老年服务与管理”专业，该专业在高职专业目录中已经发展为“智慧健康养老服务与管理”，目前是国家“示范校”重点建设专业。

在 2020 年，大连市出台了《大连市职业教育改革实施方案》，支持职业院校设立健康养老、家政服务等专业，培养一大批养老服务专业技能人才。目前全市有 10 所院校开设了老年人服务与管理及护理类相关专业，在校生 2133 人，每年安排招生计划 1000 人左右。引导各级院校开展老年服务与管理专业初中起点 5 年贯通培养，学生经过 3 年中职培养和 2 年高职培养后，具备取得全日制专科学历的毕业资格。2021 年辽宁对外经贸学院开设“养老服务管理”本科专业，是全国为数不多的开设养老本科专业的 20 多所高校之一，为大连乃至全国开始培养养老服务高级管理人才。

2. 持续开展养老服务从业人员培训，不断提升养老机构的养老护理员持证上岗率。2014 年，大连市出台了《关于加快发展养老服务业的实施意见》，提出要把养老服务技能培训纳入城乡就业培训范围，加大各类养老机构护理人员专业培训力度，为此，市财政每年将安排 200 万元资金，由市民政局统一组织实施养老护理员职业资格和持证上岗培训。

2017 年，大连市民政局出台了《关于印发大连市养老护理员培训实施方案的通知》，每年培训养老护理员 1500 名并颁发相应的养老护理员职业资格，要求养老机构优先招录具有初级以上职业资格证书的养老护理员。从 2020 年开始，养老护理员持证上岗率达不到 85% 的养老机构将不再具有运营补贴资格。

2018 年，大连市卫健委启动了全市医养结合康复护理员培训，与大连医科大学医学培训中心签订了合作协议，建立医养结合人才培训基地，举办医养结合机构管理者和康复护理员培训班，培训学员 240 人。同年出台的《大连市开展居家和社区养老服务改革试点实施方案》中，提出要依托市级养老服务实训基地和专业院校，对在职养老护理人员进行岗位培训，计划到 2020 年，在职养老护理人员培训率达到 95% 以上。

在 2019 年人社部、民政部联合颁布《养老护理员国家职业技能标准》

（2019 年版）的基础上，大连市民政局在全市范围内开展养老护理员培训工作。2021 年大连市开始建立养老服务培训体系，加强对养老机构负责人、管理人员岗前培训，整合老年医学教育和科研资源，培养高水平研究型、应用型老年健康医学人才。

大连市人社局发布《大连市政府补贴培训职业（工种）目录》，将老人陪护、家庭护理、病患陪护、康复护理等职业培训纳入政府补贴范围；将老年人能力评估师、养老护理员、健康管理师等涉及健康、养老、家政服务类职业的技能等级委托第三方社会化评价组织认定，实现职业技能等级制度与职业资格制度的有效衔接。

3. 出台补贴政策吸引养老服务专业人才，指导养老机构不断提高养老服务从业人员的薪酬待遇。出台了《关于开展老年服务与管理类专业毕业生入职养老服务机构补助工作的通知》，从 2015 年起，养老相关专业方向的毕业生进入非营利养老服务机构就业满 5 年，市财政按照中职、高职、本科学历，分别给予一次性 4 万 ~6 万元入职奖补。

逐步将养老护理员、老年康复师、老年社工等养老专业人才纳入大连市紧缺人才目录，享受相应优惠政策。建立并不断完善职业技能等级与养老服务人员薪酬待遇挂钩机制。对在养老机构就业的专业技术人员，执行与医疗机构、福利机构相同的执业资格、注册考核政策。要求民办养老服务机构及时按照人力资源和社会保障、民政部门在每年 6 月底前向社会公布的当地护理人员职位工资指导标准，落实护理人员待遇。允许公办养老服务机构相应核增绩效工资总量，用于发放养老护理员岗位津贴。

从 2021 年开始，对于医养结合行业符合卫生系列职称考评标准的专业技术人员，根据养老服务机构规模，比照卫生系列不同医疗机构职称评审标准，与卫生专业技术人员享受同等职称评审待遇。

4. 积极开展养老行业职业荣耀宣传活动，推动养老护理人员参加全国职业技能大赛，打造“大连护工”职业技能培训品牌。大连市人社局利用表彰会、宣传册、新闻媒体等宣传活动，宣讲养老职业技能培训政策和先进典型人物，树立养老服务职业荣誉感，吸引更多的年轻人投身到康养产业中。举办全国养老护理职业技能大赛大连市选拔赛，实现以赛促学、以赛促练的目标。开展更大规模、更高质量的健康照护、养老护理、家政服务等培训，打造“大连护工”职业技能培训品牌。

第三节　养老服务人力资源管理理论的检验与实践启示

一、理论检验结果

第一，地区的经济水平、老龄化程度、养老服务设施的可用性、政策支持、相关产业发展是影响养老服务人力资源配置的重要因素。具体来说，经济越发达的地区对养老服务从业人员的吸引力越强，以及随着老年人口的增加，对养老服务需求的自然增长直接推动了养老服务从业人员数量的增加。养老服务设施的可用性是满足老龄化社会需求的关键，养老设施的数量反映出服务供给的能力，需要匹配相应的从业人员来保障设施的运转。一个地方的养老服务政策数量越多，意味着政府对养老服务行业的重视程度越高，在相关政策支持和激励下，吸引更多的从业人员加入养老服务行业中。养老服务与其他第三产业具有紧密联系，这些产业的蓬勃发展为养老服务行业提供了良好的配套环境，进而也有利于促进养老服务人力资源的增长。

第二，开展养老服务专业教育和持续的职业培训，对培养从业人员的显性胜任力会产生更大的推动作用，而从业人员隐性胜任力要在长期的工作实践中逐步培养。对养老服务从业人员的管理和培训方面的措施，按照洋葱模型在整体上呈现出从外到内关注不同层面胜任力的特点。

第三，养老服务从业人员的激励措施体现了赫茨伯格的双因素理论，通过同时提供保健因素和激励因素，来提升人员的工作满意度和动机水平。

未来研究可以构建多维度养老服务人力资源配置模型，分析在不同经济水平的地区，如何结合当地经济状况和老年人口比例，建立养老服务人力资源需求预测模型。研究养老服务设施的分布与人力资源配置的关系，探索最优人力资源资源配置方案。研究养老服务机构内外的社会资本构建影响员工的职业发展和工作表现的机制。探索如何通过组织网络来提升养老服务人员的合作、知识共享和创新能力等。

二、实践启示

第一，尽快制定对经济不发达地区养老服务从业人员的扶持政策。面对经济不发达地区人口老龄化日益严重的挑战，以及发达地区对养老服务人员的虹吸效应，需要采取措施来解决养老服务从业人员吸引力低的问题。对在经济不发达地区从事养老服务的人员给予一定的岗位津贴、生活补贴、交通补贴等，在户籍、住房、子女教育等方面给予从业人员及其家属优先安排和倾斜支持。建立养老服务从业人员的流动性机制，鼓励和支持养老服务人员在不同地区、不同层级、不同类型的养老机构之间进行交流轮岗，提高养老服务人员的职业发展空间和职业满意度。

第二，加强职业伦理和服务理念教育，为从业人员提供清晰的职业发展路径，搭建心理支持平台，持续推进养老服务从业人员的隐性胜任力的培养。定期开展养老服务职业伦理的宣讲，强化从业人员的职业道德，特别是在责任感方面加强日常引导教育，强调以人为本的服务理念，培养从业人员对老年人的同理心，逐步形成尊重老年人的价值观。政府鼓励行业共同设立养老服务从业人员的心理支持平台，定期为养老服务从业人员提供心理咨询、辅导、疏导等服务，帮助他们缓解工作压力，教授情绪管理以及冲突解决技巧，使养老服务从业人员能够在工作中保持积极的态度，有效应对压力和挑战，提升自信心，增强职业满意度和幸福感。引入专业的职业辅导机构，为养老服务从业人员提供清晰的职业发展路径，增强他们对未来的职业期望。委托专业的管理培训机构，对有潜力的养老服务从业人员提供领导力培训，为行业培养高级的养老服务管理人才。

第三，应对未来养老行业高度专业化的发展趋势，设置能够全面覆盖养老服务相关领域的专业体系，培养复合型、专业型养老服务人才，提升养老行业的社会认同度与职业吸引力。我国老年人的需求结构正在从生存型向发展型转变，未来养老行业需要提供更为个性化和高质量的专业服务，发展出医养结合、康养结合、文化养老等多元化的养老模式，引入数字化、智能化等新技术，打造智慧健康养老产品和服务。这就要求养老服务从业人员不仅要具备基本的养老服务技能，还要掌握健康管理、智慧化养老、心理咨询等专业性非常强的服务能力。因此，未来要结合我国老龄化发展趋势、养老服务需求供给的新变化等实际情况，确定出养老服务相关专业的种类、数量、层次和规模，注重跨学科、跨领域的交叉融合，培养复合型、专业化的养老服务人才，显著提高养老服务行业专业化水平，进而增加行业的社会认同度。

| 第五章 |

智慧养老服务的理论与实践

第一节　智慧养老服务的相关理论

一、技术接受模型

技术接受模型（technology acceptance model，TAM）最早由戴维斯等（Davis et al.，1989）提出，其核心观点是用户对技术感知有用性、感知易用性会影响到使用态度，进而影响到接受或使用技术的行为，主要用于解释决定用户广泛接受信息技术的影响因素。

感知有用性是指用户对使用技术而感受到个人生活质量或工作效率的提高程度，感知易用性是指用户对技术使用上感受到的容易程度，使用态度体现了用户对技术使用中表现出来的正面或负面情绪。感知有用性和感知易用性是TAM模型的核心概念，在后续模型的扩展中始终保持着核心地位。TAM模型通常通过添加一些其他外部因素来扩展，这些因素被认为会影响技术的接受。影响感知有用性和感知易用性的外部因素可能会发生变化，例如社会影响、便利条件、焦虑、自我满足、自我效能、成本容忍、感知享受、体验等。社会影响指家庭成员或重要同龄人认为参与者应该接受某项技术的程度，便利条件是指现有技术基础设施和环境中的有利条件将激励个人使用信息系统的程度。

文卡特什（Venkatesh，2000）将主观规范、形象与社会影响、工作相关性、产出质量、结果可证明性作为影响感知有用性的影响因素，将社会经验的变化、自愿性作为调节变量，构建了 TAM2 模型。文卡特什在 TAM2 模型的基础上构建出 TAM3 模型，将计算机自我效能、对外部控制的看法、计算机焦虑、计算机可玩性、感知的享受、目标可用性等作为影响感知易用性的因素。

有研究结果表明，对于老年人和年轻人而言，感知有用性和感知易用性都是使用信息技术的影响因素，但是影响技术接受程度的外部因素在老年人和年轻人中存在差异。

因此，TAM 模型在老年群体中应用时，需要考虑老年人的独特属性，例如随着年龄的增加，个体能力等方面的异质性也在增加，导致影响老年人接受或使用技术的因素与非老年群体就会存在显著差异。基于这种现象，陈（Chen，2014）设计了针对老年人的技术接受模型（senior technology acceptance model，STAM），通过引入与使用者年龄相关的健康状况和能力条件等因素，对之前的 TAM 模型进行了改进，具体从老年技术自我效能、老年技术焦虑、便利条件、自我报告的健康状况、认知能力、社会关系、生活态度和满意度、身体机能八个因素来分析老年人对信息技术使用行为的影响。

老年技术被定义为有助于提高老年人的生活独立性和社会参与度的电子、数字产品或服务，这些产品或服务有助于老年人的生活更加健康、舒适和安全。实证研究结果表明，中国老年人对老年技术的使用受到年龄、性别、教育程度、经济地位、老年科技自我效能感和焦虑、便利条件、健康和能力特征等因素的显著影响。

STAM 模型从住房、通信、健康和教育娱乐技术四个领域验证了老年技术接受程度的影响机制，针对具体技术领域，例如智能可穿戴设备，分析了与智能可穿戴设备相关的技术接受程度因素，包括兼容性、感知的社会风险和性能风险等。除了以上提到的因素之外，影响老年人接受信息技术的因素还包括安全和隐私问题、使用成本、获得的培训和技术支持、信任、互联网使用频率等。也有理论是从负面影响机制来研究，例如汉森（Hanson，2010）认为老年人对技术的使用和接受程度可能会受到一系列障碍因素的影响，例如无法负担的成本、缺乏基本技能或计算机素养、难以使用信息和通信技术、隐私和安全问题、低自我效能感和用户友好界面的缺乏等因素。

二、技术接受和利用整合模型

技术接受和利用整合模型（unified theory of acceptance and use of technology，UTAUT）由文卡特什在推理行为理论、技术接受模型、激励模型、计划行为理论、创新扩散理论、社会认知理论的基础上综合而来，认为个人对技术使用的预期努力、预期绩效、社会影响、便利条件、享乐动机、价值、习惯、行为意图对技术使用行为会产生影响，并且都受到性别、年龄、经验和使用自愿性四个调节变量的作用。预期努力衡量技术系统的易用程度，预期绩效衡量的是使用技术系统对活动绩效作出贡献的信念程度，社会影响衡量的是社会关系对一个人使用新技术系统的态度的影响程度，享乐动机衡量技术使用行为的乐趣和享受程度，价值衡量的是消费者感知的收益和消费者期望收益之间的差异水平，习惯衡量使用的成瘾性和必要性水平，行为意图衡量使用技术系统的可能性，便利条件衡量个人认为有组织和基础设施支持技术系统使用的程度。

UTAUT 模型统一了包括 TAM 模型在内的几个先前的理论模型，并确定了四个决定因素，即预期绩效、预期效率、社会影响和便利条件。UTAUT 模型的测试结果表明，与以前的研究背景相比，UTAUT 模型在解释意图方面的变异程度会更高。在技术接受模型与技术接受和利用整合模型研究领域，还缺少针对社区老年人使用特有信息技术的基本预测因素，例如包括身体因素（认知和身体衰退）、心理因素（保持独立的愿望）和环境因素（可用资源和家庭成员的作用）。UTAUT 理论模型中也没有纳入技术使用态度的影响，例如自我效能感、技术使用焦虑没有被包括进来。

三、辅助技术理论

辅助技术（assistive technologies，ATs）被定义为允许个人执行他们原本无法执行的任务，或增加执行任务的轻松性和安全性的任何设备或系统。辅助技术是为改善残疾人或老年人面临的自理能力不足的问题，而设计的一系列设备与服务，包括但不限于移动辅助设备、视觉和听觉辅助设备、家具或日常生活辅助设备、小型辅助设备等，通过这些设备将技术整合到住宅中，以维持甚至增强居民的健康、安全和生活质量。

老年病学家麦克雷迪（McCreadie，2005）研究了在老年人群体中引入辅助技术的可行性、可接受性与成本，发现老年人对辅助技术的可接受性取决于感知到的帮助、对产品质量的认可（例如使用效率和可靠性）之间的相互作用。皮克（Peek，2016）的研究成果认为辅助技术的使用水平受到老年人所处的社会网络、独立生活面对的挑战、行为选择、组织和物理环境等因素的影响。

有研究认为辅助技术能够对老年人产生积极的影响，例如对老年人的社交网络、独立性、心理健康和社会地位等方面带来有益的提升，但是也存在技术使用中忽视个人隐私等道德问题带来的负面影响。汤森（Townsend，2011）认为老年人愿意用隐私（通过接受监控技术）换取自主，并将辅助技术使用中的隐私分为两种类型：一种是个人隐私，指的是实施辅助技术时不受第三方监控的权利；另一种是数据隐私，指的是控制个人数据的权利，包括控制第三方对个人数据的访问和使用。

辅助技术为了对老年人的日常生活起到帮助作用，要求设备可穿戴、紧凑、轻便、易于使用、快速初始化，并且仅支持个人需要帮助的特定功能，而不从用户接管所有功能。

詹森（Jensen，2014）认为老年人的生活质量、生活目标、保持角色、自我形象、尊严、独立性、活动和参与、自我照顾和安全，以及对周围环境的访问，都是影响老年人对辅助技术看法的重要因素。尽管一些辅助技术，尤其是机器人，由于存在老年人担心与真人失去联系的风险而被老年人拒绝，但护理人员也担心机器人可能会取代他们。同时辅助技术的采用在很大程度上是一个社会过程，而不仅仅是一个技术问题，不过这一点往往在技术接受模型中未被深入研究。

尤西夫（Yusif，2016）总结了已有理论研究中老年人使用辅助技术的障碍因素，认为隐私是老年人最关心的问题，在所有理论研究结果中占34%；信任和功能（附加价值）占研究总数的27%和25%；使用辅助技术的成本、易用性和日常使用的适用性占23%；认为“不需要”占20%，对依赖和缺乏训练的恐惧占16%。缺乏信息、使用效果评估的可用性和可访问性不够、成本过高以及缺少使用培训都是导致减少辅助技术使用的主要原因。

拉森（Larsen，2019）提出老年人使用辅助技术要经历五个阶段，分别是阶段A，评估需求；阶段B，承认需求；阶段C，将AT融入日常生活；阶段D，使用AT；阶段E，AT的未来使用。整个过程受到社会文化背景的高度影响，要以用户为中心的方法，特别关注与个人社交网络的合作以及个性化的后续行动。

卡尔梅利（Carmeli，2016）认为辅助技术管理分为六个步骤，分别是对客户和环境进行全面的团队评估；为客户确定理想的（安全、实用、美观和经济高效）技术；选择供应商或制造商（价格、定制产品、服务和专业性）；确定客户、护理人员和家庭的培训需求；保险、跟进、记录和维护；确定资金来源。

第二节　大连市智慧养老服务的实践

一、居民对智慧养老服务的需求及影响因素

为了了解大连市居民对智慧养老服务的需求情况，面向居民发放调查

问卷7628份，有效率100%；面向养老机构发放调查问卷367份，有效问卷318份，有效率86.6%。调查问卷的发放数量和回收率都达到基本要求，居民发放数量接近60周岁老年人口的5‰。经数据分析后得到调查结果如下。

1. 老年人对智慧健康养老产品的使用比例不高，其自然属性和社会经济地位、社会和家庭的支持对使用意愿具有显著影响。

（1）健康监测设备的产品需求相较其他产品要高，感知易用性是影响此类产品的重要因素。根据民政部发布的《智慧健康养老产业发展行动计划（2017－2020年）》，重点发展智能可穿戴设备、便携式健康监测设备、自助式健康检测设备、智能养老监护设备、家庭服务机器人等智慧健康养老服务产品，推动相关产业的关键技术研发。据此，分析老年人对这五类智慧养老产品的使用情况。

调查结果表明，老年人对这五类智慧健康养老服务产品的使用率偏低，有待于提升老年人对智慧健康产品的感知有用性和易用性。使用率最高的是便携式健康监测设备，达到11.7%；其次是自助式健康检测设备，使用率为10.4%，说明老年人在健康监测设备的使用率上相对情况好一些，产品易用性是未来在此类产品的技术研发和市场推广上优先考虑的因素。

智能可穿戴设备的使用率为7.2%，低于健康监测设备的使用率，不过由于这三类设备的使用成本相对较低、易用程度较高，因此，与智能养老监护设备、家庭服务机器人等使用成本较高的产品项目相比较而言，在老年人群体中使用率还是相对较高的。智能养老监护设备、家庭服务机器人的使用率在4%左右，说明在这两类产品方面用户的需求尚未得到有效满足。

（2）老年人的年龄、受教育程度、养老方式、照护方式、养老资金的水平等因素都对智慧健康养老产品的使用产生影响。如表5.1所示，根据Logistic回归模型的结果，老年人的年龄越大，使用各种智慧养老产品的可能性就越低（β值为负值，P值为0.002，小于0.05的显著性水平，以下判断标准相同）；对于智能可穿戴设备、便携式健康监测设备，老年人的受教育程度越高，使用的可能性越高；老年人的健康状况越差使用便携式健康监测设备可能性越低，而使用智能养老监护设备的可能性越高。

表 5.1　　影响智慧健康养老产品需求的主要因素

影响因素	智能可穿戴设备		便携式健康监测设备		自助式健康检测设备		智能养老监护设备		家庭服务机器人	
	β	P	β	P	β	P	β	P	β	P
老人的年龄	-0.133	0.002	-0.116	0.002	—	—	-0.143	0.006	-0.176	0.001
该老人目前有几位子女	—	—	0.25	0.001	—	—	—	—	—	—
该老人的受教育程度	0.143	0.030	0.107	0.044	0.13	0.016	—	—	—	—
该老人的健康状况	—	—	-0.238	0.030	—	—	0.296	0.036	—	—
老人是否为低保或特困人员	-0.52	0.014	—	—	—	—	-0.796	0.000	-1.041	0.000
该老人的居住状态	—	—	-0.163	0.002	-0.129	0.015	—	—	—	—
老人目前的养老方式	0.52	0.000	0.335	0.002	0.406	0.000	0.543	0.000	0.579	0.000
老人目前的照护情况	0.163	0.002	0.208	0.001	—	—	0.139	0.044	—	—
老人享受的养老保险类型	-0.094	0.036	—	—	—	—	—	—	—	—
老人的退休金或可以用来养老的资金的水平	0.33	0.000	0.344	0.000	0.254	0.000	0.416	0.000	0.46	0.000

家庭和社会支持对老年人使用智慧养老产品的意愿具有显著影响。例如，老年人的居住状态从与老伴或者子女居住，变化为独居时，由于家庭成员的支持减少，使用便携式健康监测设备的可能性就会下降。与机构养

老或者社区养老相比，在居家养老方式下，老年人获得家庭成员支持的可能性更大，导致使用智慧养老产品的比例要更高。

从社会经济地位来看，老人的退休金或用来养老的资金水平越高，使用各种智慧养老产品的可能性就越高。不同的养老保险类型对使用意愿也有影响，享受城镇职工基本医疗保险的老人更具有使用意愿。低保或特困人员老年人因为受到公共政策补贴的影响，使用意愿会更高。

2. 一半以上的老年人对智慧养老信息平台具有使用意愿，社会经济地位、感知有用性、易用性和安全性等是影响使用的关键因素。调查问卷中设置了智慧养老信息平台使用意愿的调查内容。老年人在该平台上能够查询到全市的养老服务资源，借助于可穿戴智能设备等技术手段，平台将老年人的活动状况、身体指标数据及其他诊疗需求发送给家属、养老机构、医疗机构等，提供可以个性化定制的医养服务。

在被调查的老年人中，表示愿意使用智慧养老信息平台的比例为51.5%（愿意和非常愿意的比例之和），说明有一半以上的老年人对智慧养老信息平台感兴趣，具有较高的使用意愿。

同时，有38.7%的老年人并未对这个信息平台表示反对意见，给出的使用意愿为“一般”，这部分老年人属于智慧养老信息平台的潜在用户，需要进一步针对这些老年人的需求，完善信息平台功能，将其转变为现实用户。

（1）智慧养老信息平台潜在用户的特征是年龄在60~70岁，无需照护，受教育程度在初中及以下，与配偶或子女同住的城镇企业退休职工或者退休前是农民的老年人。对于智慧养老信息平台的使用意愿低的被调查老年人进行聚类分析，按照老年人退休前的职业、老人的年龄、子女情况、受教育程度、受照护情况、居住状态等将这类老年人划分为两种类型，主要特征就是年龄在70岁以下、具有自理能力、学历不高、和配偶或者子女同住、在智慧养老信息平台使用上能够得到子女帮助的城镇企业退休职工或者退休前是农民的老年人。

因此，为了让智慧养老信息平台获得潜在老年客户的使用，就要针对这些老年人的特性设计平台的功能，例如突出平台的易用性，增加子女等亲属的协助使用等。

（2）首先，对居家养老服务满意度越高，退休金或可以用来养老的资金水平越高，老年人对智慧养老信息平台的使用意愿越高。其次，平台使用者的身份、低保户的身份对使用意愿也有影响。最后，平台的功能和易用程度也会影响老年人的使用意愿。如表 5.2 所示，对智慧养老信息平台的使用意愿开展多元回归统计分析，识别出影响平台使用意愿的主要因素（表 5.2 中是已经排除了其他因素影响后的逐步回归结果），结果表明老年人对居家养老服务的满意度越高，使用智慧养老信息平台的意愿越高，因为老年人认为借助该平台可以获得更为便捷和满意的居家养老服务。老年人的退休金或用来养老的资金水平越高，此外不是低保人员的身份，意味着老年人越具有使用智慧养老信息平台的经济实力，构成通过平台产生付费服务消费的基础。相比较于老年人本人而言，老人的亲属更愿意使用智慧养老信息平台，究其原因可能是亲属更容易接受基于互联网的信息平台，能够快速获得关于老年人养老服务的信息，帮助家庭作出更为合理决策。

表 5.2　　老年人使用智慧养老信息平台的影响因素多元回归结果

模型变量	未标准化系数		标准化系数	t	显著性
	β	标准误	β		
常数项	2.314	0.108		21.416	0.000
您对目前居家养老服务的满意度	0.200	0.011	0.206	18.368	0.000
您的身份（1 = 老人本人，2 = 老人亲属）	0.121	0.018	0.075	6.680	0.000
老人是否为低保或特困人员（1 = 是，2 = 否）	0.122	0.049	0.028	2.510	0.012
使用智慧养老服务综合信息平台存在的难题	0.020	0.009	0.025	2.202	0.028
老人的退休金或可以用来养老的资金的水平	0.029	0.014	0.023	2.055	0.040

如图 5.1 所示，在表达愿意使用智慧养老信息平台的老年人中，退休金或者可以用来养老的资金的水平在 6000 ~ 8000 元的比例最多，占比接近 50%，说明这个经济水平的老年人群体适合作为智慧养老信息平台功能设计的重要调查对象。

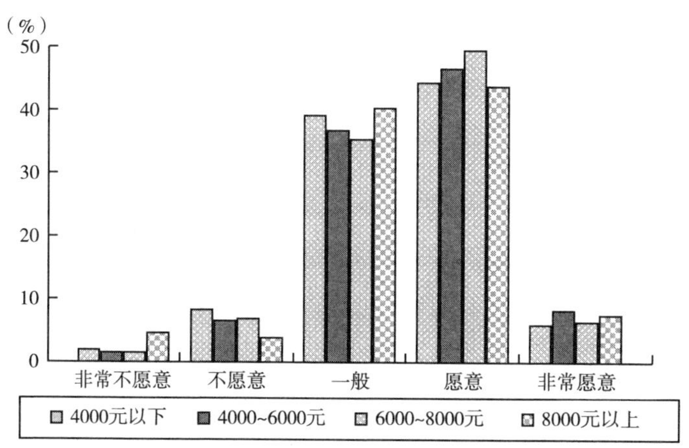

图 5.1　不同经济水平的老年人对智慧养老信息平台的使用意愿

图 5.2 的统计结果显示，易用性和交易安全性是老年人使用智慧养老信息平台最为关注的问题。具体表现在功能设计复杂而使用不友好、网上付费可能受骗是老年人在使用智慧养老信息平台时最为担心的两个问题，所以在平台开发的过程中要本着简单易用的要求来设计功能，对平台上的养老服务主体实行信用评价制度，维护平台在用户中的声誉。

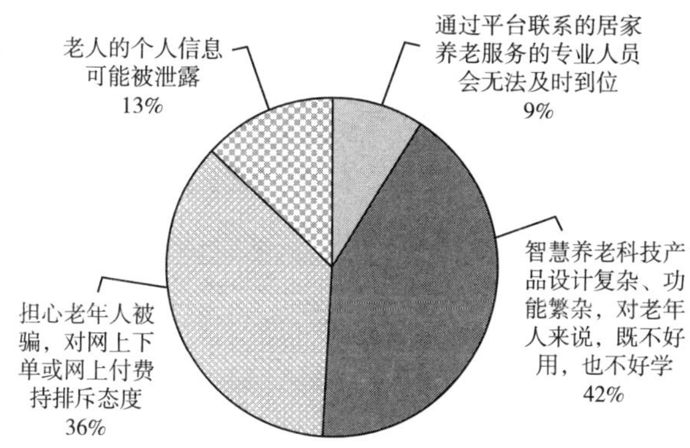

图 5.2　使用智慧养老信息平台的问题

二、机构对智慧养老服务的供给情况

问卷调查结果显示，只有 18.8% 的机构开展了智慧养老服务，表明目前开展智慧养老服务的机构数量偏少，与老年人对智慧养老服务的需求程度相比，养老机构的智慧养老服务供给相对不足。

目前开展智慧养老的机构多数只使用了少数的健康监测设备，具有功能齐全的智慧养老信息平台和配套智慧养老产品的机构数量非常少。即便是开展了智慧养老的机构，在该项业务上因为前期投入较大，目前也是处于尚未实现收益的状态。

1. 养老机构尚未开展智慧养老服务的主要原因是前期投入资金大、缺少养老信息技术的专门人才、智慧养老的扶持政策不够。根据养老机构反馈的调查结果（见图 5.3），有 37.7% 的机构认为开展智慧养老的前期投入资金大，使得机构难以承受成本回收的压力；有 25.9% 的机构认为缺少养老信息技术的专门人才，从养老行业的整体待遇水平来看，尚无法对信息技术人才具有良好的吸引力；有 19.8% 的机构认为目前智慧养老的扶持政策不够，缺少支持产业发展的专项补贴政策。

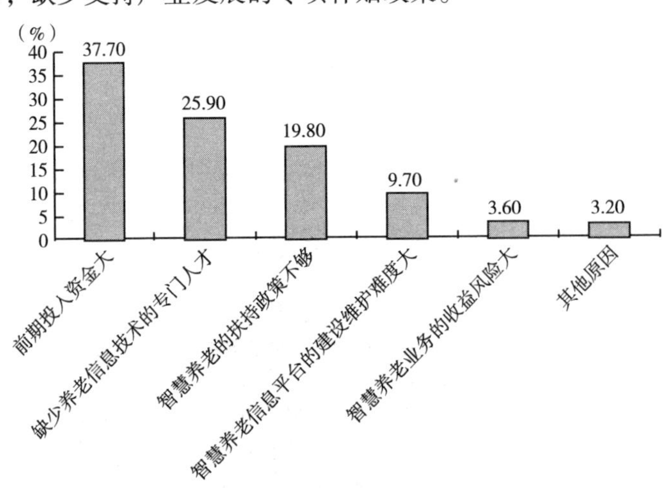

图 5.3　机构未开展智慧养老服务的原因

也有少数养老机构认为智慧养老服务所配套的信息平台，在建设运营过程中需要投入的资金、技术和人才是一般养老机构所无法承担的，并且因为老年人在智慧养老方面的支付能力有限，运营智慧养老项目存在较大的市场风险，可能难以收回投资。

2. 建立智慧养老服务标准、提供专项扶持资金、建设市区两级的智慧养老服务综合信息平台，是养老机构认为最需要解决的三个问题。养老机构的调查结果表明（见表5.3），目前智慧养老急需解决的问题较多，比较突出的是需要尽快建立完善的智慧养老服务标准和监管体系，因为智慧养老涉及区域范围非常大，不是一家机构能够独立提供所有的智慧养老服务，需要整合各方的养老资源，所以需要形成统一的服务标准，同时政府对智慧养老服务开展监管，确保老年人的利益不会受到损害。

表5.3　　智慧养老急需解决的问题

急需解决的问题	频次	比例（%）
建立完善的智慧养老服务标准和监管体系	157	17.7
由政府主导，引入专项扶持资金支持养老企业积极开展智慧养老业务	151	17.1
建设市级和区级两级智慧养老服务综合信息平台，整合各方的养老服务资源	147	16.6
为选择智慧养老服务的家庭提供补助，以鼓励老年群体消费	132	14.9
培养智慧健康养老的专业技术人才	111	12.5
加强对老年群体使用智慧养老产品的培训	103	11.6
各部门长期积累的养老数据实现彼此共享	84	9.5

在推动智慧养老产业发展时，有必要由政府提供扶持资金，帮助具有智慧养老建设和服务能力的养老机构积极开展业务，同时从全市层面建设智慧养老信息服务平台，为养老机构、医疗机构、养老产品供应商搭建平台，整合区域的养老资源。

在技术人才培养方面，政府要鼓励高等院校、企业、养老机构等大力培养既了解养老需求，又掌握信息化技术的专门人才，为智慧养老产业提供人才基础。

针对智慧养老的需求侧管理，政府可以对使用智慧养老产品的家庭提供补贴，提高老年人在智慧养老方面的支付能力。同时，鼓励各种社会力量，例如志愿者协会、社会组织等，与提供智慧养老产品和服务的机构开展合作，为老年人开展智慧养老产品的使用培训。

3. 多数养老机构愿意使用外部统一的智慧养老服务平台来开展业务。调查结果表明，有 23% 的养老机构愿意通过使用外部统一的智慧养老服务平台；有 68% 的养老机构希望在外部统一的智慧养老平台基础上，结合自身创建的智慧养老信息平台来开展智慧养老服务。这说明建立一个统一的智慧养老服务平台是推动更多养老机构开展智慧养老业务的基础。当然，也有 9% 的养老机构希望完全依靠自身建设的智慧养老信息平台来运营智慧养老，这部分机构具有一定的资金实力，也具备了相应的智慧养老运营经验，是政府通过出台扶持政策来促进形成智慧养老行业品牌机构的重点发展对象。

三、大连市发展智慧养老服务的实践经验

1. 积极开展智慧养老产业试点示范工作，培育了一批智慧养老服务机构。大连市贯彻落实国家组织开展的智慧健康养老产业应用试点示范工作，目前共有 16 家机构被国家评为智慧健康养老产业应用试点示范单位，培育了一批进入国家智慧健康养老产品及服务推广目录的企业。部分养老机构自主开发了智慧健康养老云平台，通过智能穿戴设备实现 24 小时生命体征在线监控、紧急呼救、跌倒报警、生活呼叫、行程轨迹管理、健康慢病管理等服务功能。利用在手机端运行的线上养老服务商城，以一站式菜单化的服务系统，在医疗、养老、康复和生活照护领域提供上门服务，实现了老年人、家属、医护人员、社区等多方面的互联互通，满足居家养老的老年人足不出户的养老服务需求。

2. 开发研制“大连养老地图”，建设集成线上线下资源的智慧养老服务平台。“大连养老地图”利用信息平台连接老年人和各类养老服务加盟

商及养老服务设施，帮助老年人和家庭找到合适的养老机构、社区和居家养老服务中心等服务项目，实现养老数据的可视化和智能化，通过地图、搜索、筛选、评价等方式，让用户能够快速、方便、准确地获取养老服务信息，同时也为养老服务提供者提供数据支持。

3. 依托养老服务资源整合商，将智慧养老产品整合到区域的养老服务供给中。大连市通过实施康养一体化 PPP 项目，采用“改建—运营—移交”（ROT）结合“转让—运营—移交”（TOT）的模式，由社会资本方全面负责养老服务项目的投资、建设和运营，有效整合了区域内的所有养老服务资源，系统提升了智慧养老服务覆盖率。例如大连金普新区的“1 + 11 +42”模式，建设1 个康养中心、11 家公办养老机构、42 个社区和居家养老服务中心，通过物联网设备和信息平台，实现了智慧养老的“O2O”服务模式，精准对接养老需求与供给，为老年人提供便捷化、智慧化、专业化的服务。

第三节　智慧养老服务理论的检验与实践启示

一、理论检验结果

实证检验结果表明智慧健康养老产品和服务的使用比例不高，老年人的自然属性和社会经济地位、社会和家庭的支持对智慧健康养老产品和服务使用意愿具有显著影响。具体来说，老年人的年龄、受教育程度、养老方式、照护方式、养老资金的水平等因素对智慧健康养老产品的使用具有显著影响。

由于老年人的社交圈相对于退休前的状态要小，家庭成员、朋友和邻居等的意见对老年人接受智慧养老技术的态度有很大影响，因此社会和家庭的支持会对老年人接受智慧养老技术起到影响作用。

社会经济地位、感知有用性、易用性和安全性等是影响使用智慧养老信息平台的关键因素。

未来在智慧养老领域研究 UTAUT 模型，有必要结合新型的智慧养老技术，例如照护机器人、远程医疗系统、智能家居自动化系统等，将这些具体技术特性整合到模型中，在老年人的需求和偏好的基础上，针对健康监测技术、智能家居技术、智能助理技术等多种技术的应用场景，挖掘老年人群体差异，探讨影响老年人接受和使用的因素。

二、实践启示

第一，智慧养老产品开发要保证技术的有用性和易用性。在智慧养老产品设计时，要首先了解老年人的真实需求和痛点，从老年人的角度出发，设计符合老年人生理、心理等方面的产品。同时注重产品的美观和舒适性，设计出既实用又时尚的外观和形态，提升老年人的使用体验和幸福感。

智慧养老产品能为老年人提供用户友好的界面设计，简化产品的交互方式，避免过于复杂或烦琐的操作，采用语音、触摸、手势等直观的控制方式，充分应用语音识别、情感分析、自然交互等 AI 技术，提高养老服务的自动化水平。

第二，要注重保护老年人使用智慧养老产品的隐私和安全。对智慧养老产品执行信息安全认证制度，政府公共部门定期检测产品的安全性与隐私保护措施是否存在缺陷，并进行审查与修复。要用简单清晰的语言提供智慧养老产品的隐私政策和使用条款，让老年人完全理解并知情同意。允许老年人选择退出某些数据收集或功能使用，例如选择关闭定位服务或不使用某些无需的连接设备等，给予老年人更多控制权。政府、社区、教育机构等多方协作，为老年人提供关于信息产品骗局和网络攻击的教育，不断增加老年人的信息安全意识。

第三，通过家庭成员等多主体培训形成智慧养老消费习惯。联合社区、政府等公共部门，产品供应商对老年家庭成员开展智慧养老产品和服务的公益培训，提高家庭成员对智慧养老产品的使用能力，提升老年人家庭成员对智慧养老产品的信任度，减轻家属的养老压力。同时要定期收集家属的使用情况反馈，为智慧养老产品和服务的改进提供参考。

第四，通过人工智能为老年人提供更加个性化的智慧养老产品。利用物联网、人工智能、大数据技术等手段，在保障信息安全的前提下，采集老年人的自然属性、生活习惯、养老活动等数据，开发出家庭服务机器人、情感交互设备等智慧养老产品，根据老年人的生活方式，与老年人进行交流互动，提供娱乐休闲、家庭照料等服务，满足老年人的情感需求。

第五，打造统一平台实现智慧养老服务的均衡覆盖。在国家、省、市等不同层面执行统一的数据标准，实现养老服务中不同系统间的数据共享，构建老年人全生命周期的服务档案，便于不同的养老服务机构、设备商和软件开发者接入平台，为老年人提供更多元化的养老服务方案。

建设一个涵盖居家、社区和机构等不同场景的智慧养老服务平台，通过该平台让老年人享受到一站式的养老服务体验，包括订单、支付、配送、运维等便捷管理，而不必与各个服务商单独产生消费关系，简化老年人的智慧养老生活。在每一场景中整合医疗、康复、辅助生活等多元服务，为不同层级的需求提供解决方案。对接入平台的各类服务、产品，从准入标准、运行监管、运营支持等方面进行统一管理。利用 AI、大数据等分析技术，智慧养老服务平台根据老年人的健康状况、生活习惯与养老需求，定制个性化的综合服务方案或者个人养老计划。该方案能够随着老年人状况的变化进行动态调整，为其提供全生命周期的支持。

| 第六章 |

适老化改造的理论与实践

第一节　适老化改造的相关理论

一、能力—环境压力理论

能力—环境压力理论（competence-environmental press theory）由劳顿（Lawton）在1973年提出，经过不断地完善已经成为指导适老化改造的重要理论之一。

能力—环境压力理论的核心内容是认为每个老年人都存在自身能力条件与环境压力适应水平的平衡点，这种平衡能带给人们幸福感，不会给个人带来压力和困扰，还能激发个人能力的应用，进而对老年人的健康产生积极影响，助力老年人实现享受高品质生活的目标。老年人的能力是指个体机能的最高承载量，体现了老年人能力的总和，具体表现为：身体活动能力、感知能力、认知能力、心理调节能力等。环境压力是指各种环境因素对老年人应对能力的要求。

如果老年人的能力与环境压力出现失衡，就会发生两种不良状况：一种情况是老年人面对的环境压力远远超过个人的应对能力，此时老年人会感觉到生活中处处无法适应环境，就会产生失望无助、紧张焦虑等情绪，进而对健康产生不良影响；另一种情况是环境压力过低，不需要老年人主动作出任何应对，这会导致老年人完全感受不到独立生活的乐趣，进而出现个体生理机能退化而影响健康的状况。

能力—环境压力理论认为个人能力与环境条件之间的相互作用决定了个体老龄化的程度，并且环境的影响会随着老年人功能状态的降低而增加。为了老年人更好的生活，需要对老人的直接环境和邻近环境进行改造，调整和简化环境的维度，通过减少环境障碍的影响，以适应能力的降低，增强功能受限的老年人与其家庭环境之间的适应性，尽可能使得老人不会遇到阻碍其独立生活的障碍。

当个体适应环境的能力下降时，个体更容易被环境所影响，能力和环境压力之间出现不平衡的概率也会更高，此时个体可能会产生消极的情绪和行为，从而导致其他不良后果。

个人能力和环境压力都可能随着时间的推移而变化，从而导致积极或消极的影响，因此，为了在个人能力和环境压力之间实现平衡，就需要同时干扰这两个因素。例如，在采取诸如开展室内设施的物理改造等改变环境压力的措施的同时，也要为老年人提供社会支持等服务来提高老年人的生活能力。如果老年人还不能适应不断变化的环境，可能会导致出现最终搬迁到长期护理机构的结局。

然而，劳顿的能力—环境压力理论模型有局限性。首先，没有提供精确的理论方法来衡量个人能力与环境压力的平衡关系。其次，该理论认为环境控制着个人的行为，没有考虑个人属性特别是个人主动性的影响，例如老年人所处区域的文化习俗，老年人的个性以及所具有的社会资源，老年人控制环境以减少其能力需求的动机，以及家庭环境对老年人生活质量的影响。最后，该理论强调能力与压力之间相对静态平衡，没有对二者的动态变化关系作出深入剖析。

个人能力和环境的分类及量化是该理论模型拓展的方向之一，例如从对象、任务、组织、文化四个方面来划分环境维度，同时考虑对象的时间性、象征意义或可用性程度等属性。此外，维尔布鲁根（Verbrugge，1994）

将劳顿的能力—环境压力模型阐述为线性的路径，由个人和环境因素扩展，通过改变环境或个人能力的需求来改变养老状况。

二、人与环境匹配理论

人与环境匹配理论是卡普和卡哈纳（Carp & Kahana）对能力—环境压力理论的拓展，其主要观点是个人与环境之间的契合是基于环境的特征和个人属性，不能只衡量个人的能力，需要将个体的社会资源、经济地位、偏好及需求等属性也纳入进来，从多个维度衡量个人与环境的匹配关系。人与环境匹配理论在老年学中的应用催生了老年生态学理论的形成，有助于探索功能受限的老年人的最佳环境，并确定老年人居住环境中需要改善的地方，是适老化改造的重要理论基础之一。

该理论认为当个人属性和环境属性兼容时，无论这些属性的水平如何，对个人的结果都是最优的，即具有低、中、高属性的个体应该对适合的情况作出类似的反应。如果个人属性和环境之间存在差异，不管差异的方向如何，都会带来负面影响。

由于对个人属性的综合测量比较复杂，多数研究从某一个属性来研究与环境的匹配关系，例如卡普从老年人的基本需求与高阶需求来考量与环境的匹配，基本需求与保持能力的问题有关，例如保持独立的自我照顾，而高阶需求则涉及隐私和归属等问题。基本需求领域的人与环境不匹配主要导致行为自主性降低，但高阶需求领域的不匹配可能主要损害情绪健康和心理健康。

多维度环境的概念表明居住环境对老年人生活的影响会随环境维度的改变而变化，目前很多环境老年学相关研究关注在室内居住环境，却忽略了更大尺度下的居住环境，如社区、街区、城市等。

该理论也认为并不是所有环境障碍总是对健康有害的，这种环境障碍可能起到锻炼的作用，并帮助或维持身体机能。例如，相比于电梯或扶梯，楼梯最终可能会成为老年人移动中的障碍，但在事实上对于很多人来讲，爬楼梯提供身体锻炼的机会，有助于维持身体机能。

三、个人控制理论

个人控制理论认为个人倾向于对困难的生活状况保持控制，强调个人与其周围环境的互动，以产生积极影响，缓冲威胁或实际损失，从而控制重要的生活结果。

个人采取主要和次要两种机制实现控制。主要机制是指人们试图改变其直接环境（人或物体）或主动操纵外部力量以保持控制；次要机制是指试图改变内部认知或情绪，使用积极的行为策略。当然也存在同时运用两个机制来实现控制的可能。在个人控制中，如果不能成功应用这些机制，可能会导致负面的情感后果，如情绪不安和自我效能感降低。

该理论将控制家庭环境作为一种主要的适应策略，使老年人能够积极控制重要的结果，从而提高自我效能。如果环境策略能够成功地帮助老年人保持控制和感觉高效，那么对养老的负面情感反应将被最小化。

第二节　大连市适老化改造的实践

一、居民对适老化改造意愿及影响因素

依托相关项目笔者设计了大连市适老化改造的调查问卷，在相关部门和社区工作人员的支持下，开展入户调查，最终面向居民发放调查问卷7628份，有效率100%，发放数量接近60周岁以上老年人口的5‰。

（一）适老化改造意愿

图6.1的调查结果表明，大连市居民对开展家庭适老化改造的总体意愿并不高，有33%的老年人明确表示希望开展家庭适老化改造，24%的老

年人表示不需要开展，有43%的老年人对家庭适老化改造不清楚。这个调查结果反映出老年人对适老化改造的具体内容和形式不了解，不知道家庭硬件设施适老化改造的作用。

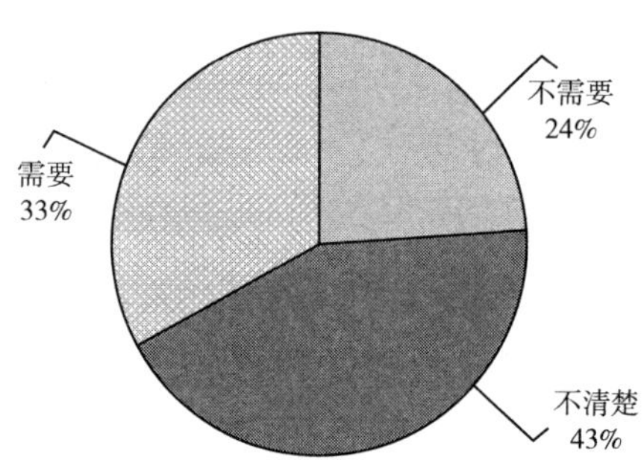

图 6.1　老年人对家庭适老化改造需求

（二）适老化改造意愿的影响因素

适老化改造意愿体现了老年人应对环境压力的主动性，受到诸如老年人的人口自然属性、社会经济地位、家庭状况等因素的影响。针对适老化改造意愿的影响因素构建出多元回归分析模型，统计结果显示（见表6.1），主张适老化改造的身份、老年人的健康状况、老年人目前的照护情况都对适老化改造意愿产生正向的影响。

表 6.1　适老化改造意愿的影响因素多元回归分析结果

影响因素	未标准化系数		标准化系数	t	显著性
	β	标准误差	β		
（常量）	1.762	0.112		15.723	0.000
身份	0.086	0.018	0.057	4.807	0.000
老人的年龄	-0.006	0.009	-0.010	-0.720	0.472
该老人目前的子女数量	0.006	0.019	0.004	0.309	0.758
老人受教育程度	0.022	0.013	0.021	1.616	0.106
老人退休前的职业	0.002	0.004	0.004	0.387	0.699
老人的健康状况	0.050	0.025	0.028	2.003	0.045
老人是否为低保或特困人员	0.018	0.047	0.004	0.385	0.700

续表

影响因素	未标准化系数		标准化系数	t	显著性
	β	标准误差	β		
老人的居住状态	-0.004	0.012	-0.004	-0.330	0.742
老人目前的养老方式	-0.004	0.032	-0.001	-0.123	0.902
老人目前的照护情况	0.069	0.012	0.083	5.727	0.000
老人享受的养老保险类型	0.004	0.008	0.005	0.434	0.664
老人用来养老的资金的水平	-0.022	0.015	-0.018	-1.465	0.143

相比老人自身的意愿来说，其家属对适老化改造的意愿更高（“身份”变量的编码为1＝老人，2＝老人家属，对应回归系数为0.086）。此外两个总体的独立样本 t 检验结果（$t=-6.196$，$P<0.05$）表明老年人主张适老化改造的意愿均值要显著小于老人家属的意愿均值。老年人表达对适老化改造不需要或者不清楚的比例占到67%，高于表达相同观点的老人家属所占比例近5个百分点，说明老人主动控制环境的意愿相对家属来说要低，对适老化改造内容或者改造效果的认知度不高。老人家属倾向于控制家庭环境进而减少环境对老人的压力，老人家属的看法代表着来自老人家庭对适老化改造的支持意愿，说明家庭支持对家庭适老化改造起到更为重要的推动作用（回归系数高于其他因素）。

在老年人的自然属性中，除了健康状况，其他属性（例如年龄、受教育程度等）对适老化改造意愿的影响未被统计结果验证。健康状况反映了老年人的各项能力表现，健康状况越差的老年人对适老化改造的意愿越高（健康状况变量编码为1＝自理，2＝半自理，3＝完全不能自理，对应回归系数为0.05），表明总体上个体能力越低的老年人，面临的环境压力越大，导致适老化改造的意愿越高，希望通过控制环境来实现能力与环境压力的平衡。

如果用老年人对适老化改造的意愿作为家庭环境压力的间接衡量，与综合体现老年人能力的健康状况之间的相关系数为0.072（$P<0.05$，相关统计表格不再列举），表明老年人能力与环境压力的匹配度仅为7.2%，还有很大的适配空间需要填补。从理论上说，考虑到成本、技术可行性、老

年人的意愿等因素，二者的匹配度不可能为100%，但是究竟何种水平为合理的匹配程度还需要深入研究。

反映老年人经济社会地位的因素，例如退休之前的职业、是否为低保或特困人员、享受的养老保险类型、用来养老的资金的水平等，对应的多元回归系数的 P 值都未小于显著性水平，统计结果并未支持这些因素具有影响作用。

在老年人家庭状况的因素中，除了老年人目前的照护情况之外，诸如子女数量、居住状态、养老方式等都未被证实对适老化改造意愿产生显著影响。老年人的照护情况变量编码为1＝无需照护，2＝配偶照护，3＝子女照护，4＝亲友照护，5＝保姆照护，体现了照护关系的亲疏程度的总体变化，该因素对适老化改造具有显著的正向影响（回归系数为0.069，$P<0.05$），表明老人在被照护过程中照护人员与老年人的亲情关系越远，老年人越需要通过适老化改造来得到环境上的支持。家庭照料是对老年人能力下降的弥补方式之一，具有血亲关系的照料人让老年人获得更多的能力保障信心，有利于增强老年人应对家庭环境压力的勇气，进而降低了开展适老化改造的意愿。

如果按照健康状况将老年人分为三组来对照分析，对于身体自理的老年人，影响适老化改造意愿的关键因素与以上研究发现的结果没有差异，表现出组内与全样本结果的一致性和稳定性；对于身体半自理的老年人，影响适老化改造意愿的因素增加了养老方式的显著作用（组内回归系数为－0.148，$p<0.05$，相关统计表格不再列举），因为养老方式的编码为1＝居家养老，2＝机构养老，3＝社区养老，所以偏离居家养老的其他养老方式都会降低老人适老化改造的意愿。对于身体完全不能自理的老年人，影响因素表现显著的只有老年人受教育程度，受教育程度越高的完全失能的老年人越倾向于开展适老化改造。

二、居民对适老化改造的具体需求

本研究设计了大连市适老化改造需求的调查问卷，在大连市民政局的大力支持下，对大连市居民开展调查。最终面向居民发放调查问卷 4056 份，有效率 100%。调查问卷的发放数量和回收率都达到基本要求，居民发放数量接近 60 周岁以上老年人口的 2‰。

从适老化改造的需求程度排序来看（见图 6.2），就医适老化改造的需求排在第一位，从均值假设检验结果来看显著高于其他适老化改造需求；排第二位至第四位的是社区适老化改造、城市商业环境适老化改造、信息技术适老化改造，这三项需求均值检验的结果为不存在显著差异，但是高于排第五位的城市公共交通适老化改造需求。家庭设施适老化改造和家用适老化产品的需求分别排在第六位和第七位，二者存在显著的均值差异。

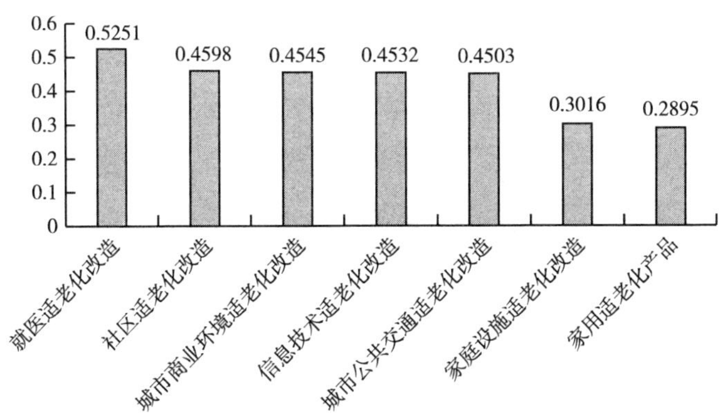

图 6.2　适老化改造需求水平排序

调查结果表明，对于人与环境匹配理论中提到的多维度环境，被调查者表示都有适老化改造的需求，但是由于资源有限性和老年群体活动的差异性，有必要以当前亟须改造的环境作为突破口，通过系统设计规划开展逐步改造工作。

1. 家庭设施适老化改造和家用适老化产品的需求。家庭设施适老化改造的作用是改善家庭养老环境，其中需求最大的是应对老年人跌倒跌落风险的项目，例如防护地垫、马桶助起扶手的需求比例达到 40% 以上，卧室改造床边护栏防止老年人跌落的需求在 20% 以上，主要原因为跌倒是老年人受伤死亡的第四大原因，中国每年有 4000 万老年人至少发生一次跌倒，其中一半发生在家中。各类项目和产品的需求比例如表 6.2 和表 6.3 所示。

表 6.2　家庭设施适老化改造和适老化产品的需求　单位:%

改造类型	改造内容	需求比例
家庭设施适老化改造项目	浴室防滑垫（地面改造防滑处理）*	45.3
	马桶助起扶手（如厕洗浴设备改造）*	41.8
	可拼接防滑地垫（地面改造防滑处理）*	40.1
	闪光振动门铃（门改造）	36.4
	双摇手动护理床（重度失能及长期卧床老人选用）	34.2
	防褥疮床垫（重度失能及长期卧床老人选用）	34.1
	淋浴椅（如厕洗浴设备改造）*	33.1
	扶手或连续扶手（卧室浴室走廊改造）*	28.5
	坐便椅（如厕洗浴设备改造）	27.8
	床用护栏扶手（卧室改造床边护栏）*	26.5
	移动坐便椅（如厕洗浴设备改造）	26.2
	防褥疮靠背器（卧室改造防褥疮设备）	23.4
	扶手卷纸一体架（如厕洗浴设备改造）	22.1
	防褥疮坐垫（卧室改造防褥疮设备）	21.9
	铝合金折叠护栏（卧室改造床边护栏）*	21.2
	室内断差消除（地面改造高差处理）*	20.0
家用适老化产品	紧急呼叫设备	71.6
	燃气报警	47.1
	数据网关及语音互联设备	46.2
	烟感报警	36.4
	生命体征监护设备（重度失能或长期卧床老人选用）	27.6
	助行器（老年用品配置）	26.9
	轮椅（老年用品配置）	26.8
	门磁感应设备（轻度失能老人选用）	24.3
	睡眠检测设备（中度失能老人选用）	24.1
	红外人体感应设备（轻度、中度失能老人选用）	23.8
	伸缩拐杖（老年用品配置）*	22.5
	物联网卡	21.8
	浸没报警	21.2
	伸缩助起四脚拐杖（老年用品配置）*	18.8
	四角拐杖（老年用品配置）*	18.7
	电子围栏	17.8
	凳拐（老年用品配置）*	16.6

注：* 表示该项是《老年人居家适老化改造项目和老年用品配置推荐清单》的基础项目。

表 6.3　　社区及城市环境适老化改造的需求　　单位:%

改造项目	改造内容	比例
社区适老化改造	老旧小区加装电梯	57.90
	楼门口的无障碍坡道	51.20
	为老年人打造社区健身房	48.60
	设置公共场所的休息设施	48.30
	楼内地面的防滑处理	48.20
	在公共活动空间加装康复栏杆	36.20
	完善便于老人认读的社区标识	31.50
城市公共交通老化改造	城市道路的无障碍通行	50.40
	公交、地铁等公共交通工具设置上车的无障碍导乘翻板，可以让轮椅直接上车	48.70
	围绕15分钟社区生活服务圈，开设社区巴士方便老年人出行	44.80
	开通电话叫车、网约车“一键叫车”等服务	44.40
	设置便于老年人使用的打车工具，例如公共场所的一键式叫车大屏设备	43.10
	公交、地铁等设置为老年人使用的软包座椅、软包扶手、轮椅固定装置等	38.70
就医适老化改造	建立老年人挂号、就医绿色通道，改善老年人就医流程	74.50
	医院内设置专门为老年人提供的挂号、结算的智慧大屏服务设备	59.20
	医院提供陪同老年人就诊挂号、取药、“一对一”陪检的志愿者服务	51.90
	对社区医疗服务场所设施的适老化改造	50.30
	为老年人使用智能手机享受医疗服务提供人工帮助	46.40
	开展“网约护士”服务，通过线上申请、线下服务的方式，由护士上门为老年人提供护理服务	40.00
城市商业环境适老化改造	老年人优先的结算窗口	61.00
	大字标签	52.00
	帮助老年人的导购员	49.70
	商场开设老年用品专区便于老年人一站式购物	45.40
	慢速电梯	45.30
	商场设置专门为老年人提供商业服务的场所	32.90
	轻量化的购物车	31.80

续表

改造项目	改造内容	比例
信息技术适老化改造	对老年人常用的软件和网站进行适老化改造，更加便于使用和阅读	56.70
	发挥社区志愿者的作用，为老年人提供信息工具使用辅导和支持服务	50.10
	提供防范网信诈骗的一对一帮扶服务	45.50
	在公共场所配备服务员帮助老年人面向测温仪，以及找出验证码	43.90
	开展常用的信息化工具，例如手机购物、视频聊天等软件的使用培训	40.20
	政务网站实现老年人阅读信息无障碍	35.60

根据民政部发布的《老年人居家适老化改造项目和老年用品配置推荐清单》，防止老年人跌倒或跌落的设施改造都是基础项目，对于困难家庭予以政府补助。

家用适老化产品起到辅助提升老年人能力的作用，其中需求最大的是紧急呼叫设备，占比达到70%以上，用来应对老年人能力与环境不匹配时会遇到的所有风险，因此得到最大的需求意愿。

应对跌倒跌落的适老化改造，对改善环境的需求比例要高于提升能力的辅助产品的需求，说明老年人希望适老化改造以下降后的能力为基础，通过改变环境来减少环境压力，不太愿意通过辅具提升个人能力来主动适应环境，其主要原因是家用适老化产品的老年人认知水平不高、使用成本高等。

从家庭设施适老化改造和适老化产品需求数据的均值比较检验结果来看，两者之间的均值差异为正值且概率 P 值小于显著性水平，说明老年人改善家庭环境的意愿要显著高于改善个人能力的意愿，个人控制理论提到的主要控制机制（外部环境控制）更为老年人所接受。

家庭是老年人面对的直接环境，社区及城市是老年人面对的间接环境。将家庭设施适老化改造需求和社区、就医、商业、交通适老化改造需求进行均值差异检验，结果表明家庭设施适老化改造需求均值要显著小于间接环境适老化改造需求，因为社区及城市的适老化程度关系到老年人的社会活动是否得以顺利开展，而社交需求是更为高阶的需求，得到老年人的重视。由此可见，适老化改造中要尽力实现家庭内外部环境的协同改善。

2. 社区适老化改造需求。社区适老化改造中老年人的出行便利性需求体现得最为突出，例如在老旧小区加装电梯，楼门口设置无障碍坡道的需求比例达50%以上，楼内地面的防滑处理的需求比例也接近50%，而健身、休息和康复设施设置需求的比例在36%～48%。

3. 城市公共交通适老化改造需求。城市公共交通适老化改造需求最高的是无障碍出行，例如城市道路的无障碍通行的需求比例达50%以上，公共交通工具设置上车的无障碍导乘翻板，便于让轮椅直接上车的改造需求也接近50%。老年人对出行便利性的需求排在第二位，例如设置社区巴士、公共场所一键叫车服务等需求比例在40%以上。

从社区和城市公共交通适老化改造最突出的需求来看，老年人对环境给老年人身体活动能力带来的压力关注得最多，应该成为城市适老宜居建设的重要抓手之一。

4. 就医适老化改造需求。老年人在就医时对“建立老年人挂号、就医绿色通道，改善老年人就医流程”的需求最为关注；其次是希望“医院内设置专门为老年人提供的挂号、结算的智慧大屏服务设备”；排第三的需求是“医院提供陪同老年人就诊挂号、取药、一对一陪检的志愿者服务”。这三项需求都体现出老年人在就医便利性上希望医疗机构提供相应的服务和设施。此外“对社区医疗服务场所设施的适老化改造”的需求排在第四位，体现了老年人希望在社区医院能够获得更为贴心的医疗服务。

为老年人使用智能手机享受医疗服务提供人工帮助，通过线上申请、线下服务的方式，由护士上门为老年人提供护理服务等需求属于智能设备在老年人就医中的应用，因为这些手段都是辅助性的就医方式，老年人并未将其列入最需要提供的服务范围内。

5. 城市商业环境适老化改造需求。在城市商业环境适老化改造方面，老年人希望得到各种优待服务，体现尊老爱幼的社会传统，例如设置老年人优先结算窗口的需求排在第一位。其他适老化改造的重心都落在了提高老年人购物便利性方面，例如设置大字标签、为老年人服务的导购、老年人一站式购物服务、轻量化的购物车等。这些适老化改造一方面注重解决老年人身体能力不能应对商场购物环境的问题；另一方面也从为老年人营造温馨舒适的购物环境上做好细节设计，更多的是为满足老年人在享受社会提供服务过程中受到尊重的心理。

6. 信息技术适老化改造需求。信息技术适老化改造方面的需求主要体现在老年人使用信息技术的易用性和便利性上，最为老年人关注的是希望各种网站、App 等软件便于老年人阅读和使用，特别是在遇到新的信息技术时老年人希望能够得到社会的关心和帮助。

间接环境涉及的改造内容诸多，除了以上列出的项目之外，在其他领域，例如餐饮服务、旅游服务、金融服务等各种行业中，都存在适老化改造的必要和可能，所以适老化改造是一个全社会开展的系统工程，需要政府在其中起到统领作用，推动老年宜居城市的建设。

三、大连市适老化改造的实践经验

1. 联动居家养老服务，加快推进家庭养老床位适老化改造。由专业养老机构评估老年人身体状况、居住环境，在明确每个家庭的适老化改造需求的基础上，与老年人签订家庭养老床位安装协议，对老年人的居家环境进行适老化改造，配置诸如可升降的护理床、防褥疮床垫等家庭适老化产品，让老年人的家庭环境符合个体能力水平，同时在信息化平台搭建的基础上，达到养老机构介入居家养老照护服务中的目的。

大连市首批为 5000 位 60 周岁以上半失能、失能的困难老人，以及具有改造意愿的其他老年人开展家庭养老床位适老化改造，对于特困、低保中符合条件的经济困难老年人提供每张床 3000 元的一次性家庭床位建设补贴。同时政府为建成家庭养老床位的所有失能、半失能户籍老年人购买居家养老服务，该项居家养老服务也拓展到所有符合条件且建有家庭养老床位的户籍老年人。

大连市的家庭适老化改造在改善家庭硬件环境的同时，兼顾了与之相配套的家庭养老服务。家庭养老服务有助于提升老年人的生活能力，因此联动家庭养老服务的适老化改造符合能力—环境压力理论，从老年人的能力和环境两个方面同时予以改善并达到平衡，与单纯只开展家庭适老化硬件环境改善的措施相比，大连市的家庭适老化改造更具有效果。

政府在家庭适老化改造中引入市场机制，招标确定家庭养老床位建设和上门居家养老服务机构，制定家庭适老化改造和居家养老服务清单，供老年人选择并提供可定制的个性化适老化改造和居家养老服务。由专业服务机构与符合条件的申请对象签订相关协议，并按协议约定上门实施适老化改造，配置相关设施设备，提供居家养老上门服务。

对老年人提供个性化的适老化改造服务，是在评估老年人能力的同时，考虑了每位老年人的特点，例如人与环境匹配理论中提到的经济地位、偏好及需求等方面，弥补了能力—环境压力理论的局限性，使得家庭适老化改造更为老年人所接受。

政府对困难家庭提供居家养老服务补贴，例如对重度失能且建有家庭养老床位的经济困难老年人每月可享受不超过 18 小时（共 600 元）的免费服务时长，重度失能且建有家庭养老床位的其他户籍老年人每年可享受不超过 30 小时（共 1000 元）的免费服务时长；中度和轻度失能且建有家庭养老床位的经济困难老年人每月可享受不超过 12 小时（共 400 元）的免费服务时长，中度和轻度失能且建有家庭养老床位的其他户籍老年人每年可享受不超过 24 小时（共 800 元）的免费服务时长。

2. 提升老旧小区居住新体验，建设示范性老年友好型社区。老旧小区改造的目的是让社区环境更加符合社区居民的要求，既要考虑到居民群体的特点，也要尽可能满足个体对社区环境的要求。因此大连市的老旧小区改造采用了 5 种创新模式，分别是“五共”模式、“一院一策”模式、生活圈模式、城市更新模式、绿色社区模式。“五共”模式充分调动社区居民的主动性，在广泛征求居民的改造意见上，将“决策共谋、发展共建、建设共管、效果共评、成果共享”贯穿于老旧小区改造全过程，让社区改造成果为多数居民满意。“一院一策”侧重于“菜单式”项目改造，制定出每个小区特有的改造方案，打造小区的特色和亮点。生活圈模式是为小区居民在步行可达范围内，分别在5分钟、10分钟、15分钟生活圈配备生活所需的基本服务功能与公共活动空间。城市更新模式是通过因地制宜成片区的实施“留、改、建”相结合的社区改造。绿色社区模式是注重社区基础设施绿色化、打造节约适度、绿色低碳的社区。

在大连市老旧小区改造中针对老年人的改造内容重点集中在无障碍设施建设、加装电梯等设施上，大力推进加装电梯补贴全域覆盖，解决老年人行动能力下降与社区通行环境不相匹配的问题。

此外，根据国家卫健委开展的全国示范性老年友好型社区建设项目，大连市从2021年以来先后获评了11个全国示范性老年友好型社区，包括大连市中山区葵英街道林海社区、大连市西岗区白云街道云峰社区、大连市甘井子区辛寨子街道书香门第社区、大连金普新区湾里街道山城社区、大连市长海县大长山岛镇城岭村、大连市西岗区香炉礁街道香川社区、大连市高新技术产业园区凌水街道庙岭中心社区、大连市沙河口区南沙河口街道后山社区、大连市甘井子区甘井子街道滨海社区、大连市普兰店区杨树房街道战家村、大连市金普新区二十里堡街道二十里村。

大连市计划将老年友好型社区创建工作分为三个阶段：第一阶段是“十四五”期间的示范创建阶段，第二阶段是总结深化阶段（2026～2030年），第三阶段是全面评估阶段（2031～2035年），届时将实现全市老年友好型社区城乡全覆盖。

大连市老年友好型社区创建的经验是除了改造社区硬件设施之外，对社区和居家的养老服务软环境也作出了各种有特色的提升工作。例如，由养老机构、医疗机构等合作建设社区居家养老示范中心，为社区老年人提供中医理疗，心理辅导、食堂送餐、文化娱乐、24小时托管等各种服务，打造惠老500米服务圈，让老年人在社区周边500米内满足就医、购物、洗浴、理发、娱乐、健身、交费等需求。

3. 线上线下结合开展就医“适老化改造”，建设老年友善医院。截至 2021 年底，大连市建有各类医疗卫生机构（不含村卫生室）3561 个，设置床位 50542 张，卫生从业人员 74301 人。大连市以线上线下相结合的方式满足老年人就医便利性的需求。

一是为老年人提供多渠道挂号、预约服务。大连市的医疗机构为老年人提供了电话、网络、现场预约等多种挂号方式，畅通了家人、亲友、家庭医生等代为老年人预约挂号的渠道，二级以上医疗机构为老年人提供一定比例的现场号源，现场配备导医、志愿者、社会工作者等为老年人提供就医指导服务。

二是开展老年人网上就医服务。将 16 家医院与“e 大连”市民云平台对接，为老年人提供诊前预约、诊中结算、诊后报告查询等一站式服务，通过卫生健康信息“大融合”、诊疗便民“大共享”、医疗服务“大协同”，让数据多跑路、群众少跑腿，提升老年人的获得感和幸福感。

三是推动老年人居家医疗服务。出台《大连市加强老年人居家医疗服务工作实施方案》，借助医联体、“互联网 + 医疗健康”、远程医疗等方式，推动医疗卫生服务向社区、家庭和机构延伸。组建 1732 个家庭医生团队，以签约服务包的形式为居家老年人提供基本医疗、公共卫生和健康管理服务。全市有 17 家医疗机构开展为居家老年人提供上门医疗服务试点，有 21 家医疗机构为居家老年人提供“互联网 + 护理服务”。

四是创新老年人安宁疗护的服务模式。大连市第四人民医院率先在东北地区开展按床日费用结算安宁疗护服务试点，目前全市已经复制推广安宁疗护机构 16 家，设置病床 285 张，有效帮助患者舒适、安详、有尊严地走完人生最后一公里，社会满意率达到 100%。大连市安宁疗护工作处于全国领先位置，国内多地先后来大连参观学习经验。

五是全市建成友善医疗机构 85 所。在老年友善医疗机构创建工作中，将老年友善文化、友善服务、友善管理和友善环境 4 个方面，15 项任务 65 个内容细化为 120 余条具体指标，开展现场量化评估来确定医疗机构是否达到适老化改造标准。在基层社区和医疗机构广泛创建、自评申报基础上，市、区（市县）两级成立由相关部门和专家组成的评审组，进行严格审查考评并择优推荐上报。创建经验做法在国家卫生健康工作专刊进行交流，工作经验在全省得到分享和推行。

4. 推进政务服务平台的适老化改造，发挥信息技术适老化改造的示范作用。在信息技术适老化改造方面，大连市推进政务服务平台的适老化改造，置顶的“无障碍”功能提供了界面交互、内容朗读、操作提示、语音辅助等服务，网站设置“老年人服务专区”，方便老年人办理将职工正常退休（职）申请、城乡居民养老保险待遇申领等经常办理的服务事项。在大连市行政服务大厅设置的现场查询预约系统屏幕，以大字显示文字信息，便于老年人阅读和操作。辽事通 App“e 大连频道”可一键切换“长者模式”，为老年人提供大字版、语音版、简洁版移动应用，提供“医保电子凭证”“养老金缴费查询”“养老金领取查询”等常用功能。

第三节　适老化改造理论的检验与实践启示

一、理论检验结果

现实数据验证了能力—环境压力理论的有效性，老年人在能力下降后，由于环境压力的增加，导致对周边环境适老化改造的需求也增加。实证研究也验证了人与环境匹配理论中强调的老年人个体属性对能力与环境压力之间关系的影响，不过统计结果仅对家属支持意见、个人目前的照护情况两个因素显示了影响作用，而诸如老年人的社会经济地位、年龄等个人属性并未体现出具有统计性显著意义上的影响关系。家属支持意见和个人目前的照护情况在诸多属性因素中具有显著影响，对开展更为有效的家庭适老化改造具有启示意义。

能力—环境压力理论中对关键概念的准确测量是一个重要的问题，例如如何对身体活动能力、感知能力、认知能力、心理调节能力等老年人各方面的能力开展准确评估，如何衡量环境变化对老年人个体带来的压力水平，如何确定老年人能力和环境压力之间的平衡点等都是未来有待解决的问题。

根据人与环境匹配理论，如何解决老年人能力与环境之间的多维度匹配问题，有必要深入研究。多维度的匹配需求会导致多维度的环境适老化改造任务，同时对老年人各项能力的提升也是必要的，二者如何协同进行，涉及技术、经济、社会等多方面的因素。

根据连续性理论，老年人的能力与环境之间的匹配关系是一个自然形成的过程，受到早期生活状态的影响。对于特定的个体来说，存在一个符合个人最佳状态的能力与环境的匹配结果。据此，适老化改造中对老年人能力的评估，一定要从动态的视角考察老年人早年到目前的生活习惯和能力水平，作为确定合理匹配环境的改造指标参考，避免产生环境改造过度或者不及的问题。

老年人能力与环境之间的关系如何影响到老年人的生活质量，具体会产生哪些后果，如何有效应对，也是需要深入研究的问题，特别是能力与环境之间的失衡达到什么状态时，预测老年人迁移到养老机构的可能性和必要性。

能力—环境压力理论中，除了硬件设施等硬环境之外，社会支持等软环境如何体现，特别是从社区、城市等宏观层面的软环境支持如何与硬环境交互发挥更大的作用，是未来值得进一步研究的问题。

二、实践启示

第一，适老化改造必须注重老年人个性化需求。在适老化改造中，如何寻找到老年人的能力和环境压力之间的平衡点是非常关键的问题，因此，适老化改造必须注重老年人的个性化需求，根据老年人的身体状况、生活习惯、营养需求、运动能力、社会支持网络、社交活动等因素来确定老年人的个性化需求，进而定制专属的适老化改造方案，以实现老年人能力和环境压力之间的平衡。

第二，建立定期评估机制，开展老年人能力评估和环境压力的动态测量。能力评估和环境压力测量是适老化改造中需要解决的关键问题。老年人能力是一个动态变化的过程，如果在一个静态时点去评估老年人的适老化改造需求，往往是不准确的，会造成判断错误而导致改造后效果不理想的问题，不利于适老化改造的大规模推行。因此，适老化改造要注重对老年人的活动能力、感知能力、认知能力、心理调节能力等各方面，定期开展准确的量化评估，衡量环境变化对老年人个体带来的压力水平，以实现老年人能力与环境之间的动态平衡。

第三，强调家庭和社会支持，引导家庭成员参与适老化改造。根据实证研究结果，家庭成员的意见对适老化改造具有显著影响，因此，在适老化改造中，应该突出家庭的支持作用，引导家庭成员提供老年人的生活习惯、偏好、需求等有利于评估老年人能力的信息，通过与家庭成员的沟通和交流，更好地了解老年人的个性化需求，帮助老年人应对环境压力，提高老年人的生活质量。

第四，注重同时从辅助老年人保持能力和完善硬件环境两个方面开展适老化改造。在开展家庭设施适老化改造，降低环境对老年人的能力要求的同时，要帮助老年人家庭成员具备提供照料服务的条件，设计老年人能力提升辅助系统，例如开发老年人照护机器人，弥补老年人能力下降，进而让老年人的能力在更长的时间段内适应环境的变化。

第五，未来的适老化改造要更加注重智能化、绿色化和社交化。未来可以通过物联网、大数据等手段，从老年人身体自理阶段就开始采集数据，记录老年人的日常生活状态信息，作为适老化改造的评估依据。通过智能化的健康监测系统、家庭安全监控系统、语音识别系统、智能化床垫等智能化技术，来实现老年人家庭生活的便利化和智能化管理。

适老化改造要体现可持续性发展要求，节约改造投入的资源，采用可再生的改造材料等，从最大程度上减少适老化改造对环境的影响。

适老化改造还要为老年人提供更多的社交机会，改造方案要注重增加老年人的社交空间，例如增设小区的活动室、休闲区域等，以促进老年人之间的交流互动。

| 第七章 |

养老服务政策的理论与实践

第一节　养老服务政策的相关理论

一、社会老年学整合理论

社会老年学整合理论（integrative theory of social gerontology）最早由阿尔凯玛等（Alkema et al.，2006）提出，从宏观视角来解释老龄化社会现象，考察了影响人类行为和健康的社会、经济、环境、文化和政治背景，以及这些宏观结构如何分配资源并支持老龄化人口。

社会老年学整合理论包括6个横向维度和1个纵向维度。6个横向维度包括：维度A，家庭、宗教、文化传统和期望；维度B，宏观、微观经济环境和个人资产；维度C，公共政策、卫生服务和社会支持系统以及政府计划；维度D，地位、权力和社会分层等社会结构；维度E，剩余历史背景；维度F，人遗传、生理和心理状况。1个纵向维度反映了时间、积累的经验、历史和影响个人的事件。

社会老年学整合理论认为随着时间的推移，某个年龄层的老年人面临着不同社会、政治、经济和文化力量之间形成的复杂互动环境，受到6个横向因素综合作用的影响。老龄化在不同时期发生不同的变化，会受重大历史事件的影响，并因国家和地理位置而异。社会老年学整合理论综合应用社会学、政治学、经济学、心理学等多个学科来解释老龄化问题，对制定养老服务政策具有借鉴价值。

维度 A 反映了家庭、文化、宗教以及对个人的影响，包括核心家庭信念、态度和期望；宗教信仰、传统；邻里传统；虚拟社区和压力；媒体影响；营销和广告；艺术、音乐、技术和文学影响；道德规范。随着时间的推移，在不同的亚群体中，存在着不同的期望和规范。文化规范和信息可以存在于更大的社会环境中，也可以存在于特定的种族、宗教、地理或自我定义的社区中。

维度 B 代表个人所处的宏观、微观经济环境和个人资产，包括国民经济、财富、债务和贸易平衡；全球化与国际经济条件；税收激励和约束措施；资本和市场条件；储蓄率和利率；住房、食品、交通等商品和服务成本；劳动力市场条件和福利；个人收入、财产、投资、养老金、医疗保险；人寿保险和储蓄；家庭财务支持。宏观经济发展水平对老年人的储蓄、消费和投资产生影响，经济衰退可能会降低房屋等主要资产的价值，耗尽老年人的资金储蓄。

维度 C 代表政府公共部门或私人部门的支持作用，包括公共政策、卫生服务、政府计划和社会支持系统；医疗、心理健康和康复服务；膳食、沐浴、房屋清洁等社会支持服务；教育、娱乐项目；长期护理服务；机构、家庭；就业培训计划；交通服务；住房补贴；食物援助；法律援助；志愿者、社交网络；老年日托项目；自助计划。公共政策的变化会直接影响老年人的生活质量，社会支持也可能因为社区、城市等区域的差异而发生变化。

维度 D 反映了围绕个人特征的社会结构，包括个人的地位、权力；个人所处的社会分层；权限、控制能力；群体的社会行为；法律及正式和非正式的规则；歧视、偏见和压迫；社会系统内部和跨社会系统的互动；个人所属的民族和国家；个人所在的公司实体等。

维度 E 是关于个体所处的历史背景，具体包括个人所具有的历史条件；继承的环境；个人经历的家庭、社区和国家历史情况；出生前的条件。

维度 F 体现的是个人遗传、生理和心理状况，具体包括出生队列；种族、性别和年龄；身高、体重、比例、骨骼结构等身体特征；残疾和出生缺陷；遗传学和个体生物学特征；遗传相关疾病或疾病倾向；个性、身份和性格；心理健康、目标感和意义；健康状况；身体机能和认知能力；应对机制；身体的保养、营养、卫生和护理；创伤、伤害和事故；手术和身体变化等。

在构建社会老年学整合理论时，遵循了六个总体原则：第一，老年人个体处于综合的社会经济和政治环境中，个人的选择会受到社会结构的高度影响。宏观层面对个人的影响因种族和性别等因素而异，潜在的经济和社会结构也会影响个人面临的生活机会，甚至会改变生活本身。第二，宏观层面对个人的影响是动态的，随着时间的推移而变化，并且在国家之间有所差异。第三，个人优点和缺点会随着时间的推移而逐步累积起来，并会影响个人在未来生活中获得的支持。累积的后果不仅注定要发生在一个人的身上，而且可以通过经济和环境的传承，在几代人之间延续下去。第四，要关注老年人身体变化而带来的心理、社会、文化和经济方面的变化，同时要采取措施应对这些变化。第五，不同社会层面上的人士在影响公共政策制定中起到的作用是不同的。第六，个人与社会、经济和政治力量之间的关系是动态的。一方面，个人受到政策、法规、文化规范、传统和期望的影响；另一方面，这些制度和规范也会受到公民的影响而发生演变。

二、生命历程视角的政策工具理论

生命历程视角的政策工具理论（theory of life course perspective as a policy tool）试图从生命历程视角来研究公共政策的制定，提出从老年人整个生命过程的背景来改善养老政策。

生命历程被伦纳德（Leonard，2009）定义为个体因衰老而被要求在各种文化和各行各业中占据的连续地位。埃尔德（Elder，1998）将生命历程定义为：一系列社会定义的事件和角色，这些事件和角色是由个体随着时间的推移而产生的。

埃尔德提出了生命历程的五个原则：第一，人类的发展和衰老是一个终生的过程。该原则认为个人早期的经历及其意义被带到了新的情境中，要求从“特定年龄”研究转向了贯穿整个生命过程的研究。第二，个人的生命历程被他们一生经历的历史事件和地方所嵌入和塑造，重大社会事件或社会政策变化对一代人的影响相对一致。第三，人生转折和事件的前因和后果因其在人的一生中的时机而异，这些时机来自历史事件、社会道德和社会层面的期望。第四，生活是相互依存的，社会历史影响通过某种关系网络来表达。一个人生活中发生的事件可能会将另一个人的人生轨迹设定在一个没有预料到的轨迹上。第五，在历史机遇和社会环境的制约下，个人通过所做的选择和行动来构建自己的人生历程，新的老龄化模式会导致社会变化。

生命历程分析侧重于个人或群体轨迹与社会结构之间的关系，认为社会结构是根据社会时间来定义的，体现了关于在某个年龄段具备何种适当行为的共同信念。社会制度的本质是为人们的生活秩序提供了结构基础，从而使人们能够参考生命过程中的社会结构。一个社会的每一个成员都需要经历一系列的年龄阶段，因此，每个社会的任务是使个人成员为以后的年龄状态做好准备，将他们吸收到以后的状态中，同时将他们从以前的被占领状态中移除，并向社会宣布或提供其他沟通方式，表明这个转移过程已经完成。

生命历程的理论认为不同出生群体的老龄化经历是不同的。这意味着一个特定年龄组人群的经验不能可靠地推广到其他队列，因为这些队列与其他年龄组人群的历史遭遇是不同的。生命历程中存在累积优势和劣势效应，虽然队列之间和队列内部总是存在差异，但在生命结束时，组内差异通常远大于生命开始时。在生命结束时，最初处于不利地位的群体成员通常比其处于有利地位的同龄人做得更差，比他们生命开始时要差得多。即随着时间的推移，队列变得越来越异质。同时随着上层和下层之间的距离越来越远，各种幸福指数的差异也随着时间的推移而增加，出现一个随年龄增长的内部分化过程。

在一个人的一生中以及在个人生命历程中的关键时刻制定的社会政策，如医疗保健、退休计划和社会保障等方面的政策，是生命历程经历的一个重要方面。社会在不同程度上对生命历程具有文化规范性的概念，该规范在很大程度上被公共政策和法律制度化，为规范发挥引导或约束作用提供了参考点。根据这些参考点，个人可以将其生命历程视为正常或不正常的、标准的或非标准的。生命历程视角的政策工具理论要求关注人们随着时间推移而体验生活方式的变化，因为不同的人群有着不同的人口结构特征。

三、福利经济学理论

福利经济学（welfare economics）解决如何使用最佳的社会资源分配方式，以实现社会中每个人最大福祉的问题。福利经济学的理论基础是道德假设和价值判断，遵循两个前提假定：一个是基本伦理原则，即一个社会的福利状况必须要由全体社会成员来判断；另一个是帕累托原则，其含义是，如果要让一个社会中的任何一个成员变得更好，而同时不让任何其他人变得更坏，那么这个社会就会变得更好。

根据帕累托原则，如果政策的改变能够使每个人变得更好，或者至少有一些人变得更好，而没有人变得更差，那么这种政策改变就是社会所期望的。如果有人损失了，则不符合这一原则。如果社会发现自己处于一种无法实现帕累托改进的状态，这种状态被称为帕累托最优状态。在这种状态下，不可能让一个人变得更好而不让另一个人变得糟糕。

在福利经济学中，价值判断是对社会应该采用何种价值观来界定其经济目标，以及实现目标所采取手段的主观判断。因为在政策制定中通常会涉及价值判断，所以要考虑经济主体的运作方式和社会应该追求的终极目标，以及为实现这些目标所采取手段的可接受性。

价值判断出现的冲突主要来自公平和效率之间的矛盾，因为一些旨在提高公平的政策很可能会降低生产效率。当出现信息不对称、外部性或公共产品时，如何建立帕累托最优结果，如何平衡公平和效率，都是福利经济学需要解决的实际问题。

在应用帕累托原则时会遇到一些局限性，例如该标准是一种价值判断，现实中难以准确衡量，政策在执行中都会出现至少有一个人受到某些政策行动伤害的结果等。为此，卡尔多 - 希金斯（Kaldor Hicks）创建了一个补偿标准，被称为卡尔多 - 希金斯标准。该标准提出：如果那些生活得更好的人能够在理论上补偿那些生活得更差的人，那么政策执行结果就会更有效率。卡尔多 - 希金斯标准认为如果在从政策 A 到政策 B 的转变过程中，每个人都有可能变得更好，则政策 B 优先于政策 A。

由于许多政策选择取决于受益者的收益和损失者的损失，因此量化衡量效用偏好往往至关重要。衡量个人对一种情况与另一种情况的偏好强度的一个可观察的替代方法是个人支付愿意，或愿意接受从一种情况转移到另一种状况的成本，但是这种衡量方法在实践中存在困难。同时政策制定具有前瞻性，主要基于对未来政策效果的预期，个人支付意愿受到不确定性因素的影响，导致衡量的结果也是不确定的。因此，卡尔多 - 希金斯标准在应用中具有局限性。有学者建议采用最大最小（Max-Min）的策略，就是政策行动造成的社会和经济不平等应能使社会中最弱势的成员获得最大利益。实际支付的补偿与价值判断的结果有关，当从政策 A 转移到政策 B 时，由获得者支付给失败者。如果有人对潜在收益的申明不符合实际情况，并建议在这些潜在收益的基础上作出改变，那么，补偿原则的应用可能会导致一些人变得更为糟糕，而另一些人则变得更好。因此，政策制定时必须调查清楚政策变化对利益相关者的影响，同时考虑不同群体在政策福利分配中的权重。

道德经济学理论（moral economy theory）被用来分析老龄政策的效果

时，道德经济反映了“良好”社会中每一个公民的基本价值观和偏好，哪怕是无法全部体现这些偏好，也是一个值得追求的政策发展目标，可以用来评估养老服务职责在公私部门之间分配的结构是否合理，判断护理系统保障老年人自主性和独立性的程度是否恰当等牵涉价值取向等公共管理问题。

在老龄化问题领域，道德经济学理论还特别关注退休、老年护理、“第三个年龄”（third age）的规范和道德假设。退休的道德经济是老龄化道德经济的核心，考虑了与老年过渡相关的价值观，研究什么时候让人们根据年龄离开劳动力市场是公平的，确定人们何时应该通过基于年龄的社会保障来获得支持。老年护理的道德经济认为护理服务是通过代际契约来调节的，基于一套道德期望和家庭内部互惠原则来持续提供。“第三个年龄”是指人们作为健康的退休人员而度过的那些年代，在这个时期健康老年人有能力为报酬工作，希望从事有意义的活动，但是作为退休人员被认为已经履行了对社会的责任，因此在这段时间不需要再参与退休之前的活动。“第三个年龄”的道德经济影响着老龄化的相关政策，例如提高退休年龄，改革养老金政策等。

第二节　大连市养老服务政策制定的实践经验

根据北大法宝数据库在政策全文内搜索“养老服务”关键词的结果，剔除不属于政策的文件后，得到大连市、辽宁省和国家层面涉及养老服务的政策文件集，作为开展养老服务政策文本分析的数据，其中大连市有关养老服务的政策有 158 个。

一、大连市养老政策的发展历程

1. 大连市养老服务政策数量与辽宁省和国家层面政策数量保持长期的

协同变化状态。从图 7.1 的长期趋势来看，大连市、辽宁省和国家层面的养老服务政策数量呈现协同变化，特别是在 2020 年前后，所有层面的政策数量先是急剧增加，然后迅速下降，表明大连市在国家和省级政策出台后，会相应地出台或更新地方政策，以确保地方政策与上级政策保持同步。

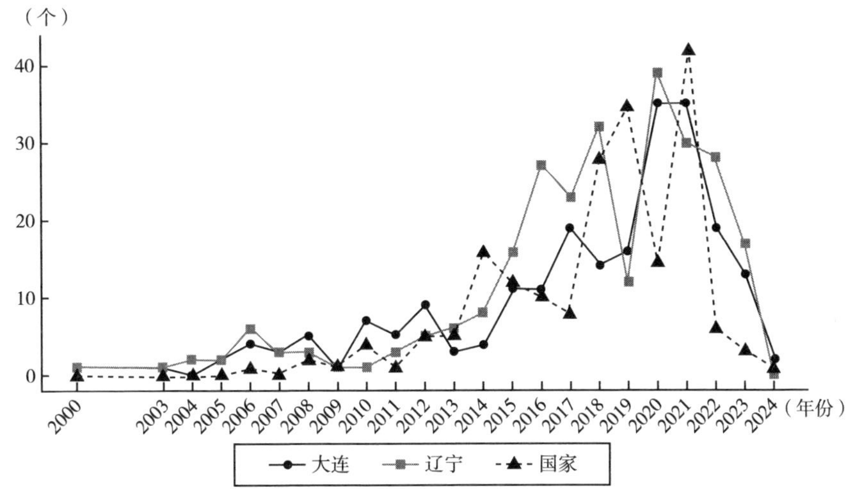

图 7.1　大连市、辽宁省和国家层面养老服务政策发布数量变化

为了检验大连市的养老服务政策数量是否会受到辽宁省和国家层面的养老服务政策数量这个时间序列变量的影响，构建向量自回归模型（VAR）模型，统计结果如表 7.1 所示。

表 7.1　　大连养老服务政策数量的向量自回归模型

变量	系数	标准误	*z*	*P*	95% 置信区间	
大连 L1.	-0.08728	0.205671	-0.42	0.671	-0.49039	0.315825
国家	0.100762	0.088516	1.14	0.255	-0.07273	0.27425
L1.	0.029357	0.09216	0.32	0.750	-0.15127	0.209986
L2.	0.183321	0.090996	2.01	0.044	0.004972	0.36167
辽宁	0.411603	0.100894	4.08	0.000	0.213855	0.60935
L1.	-0.10756	0.152164	-0.71	0.480	-0.40579	0.190678
L2.	0.041977	0.099611	0.42	0.673	-0.15326	0.23721
_cons	0.961412	1.012695	0.95	0.342	-1.02343	2.946258

表7.1的模型分析结果表明：（1）当期国家层面政策数量的 P 值为0.255，说明对大连当期的养老服务政策数量影响不显著，但是滞后2期的国家层面政策数量的系数为0.183321，在5%水平上显著（P 值为0.044），表明较早期的国家层面政策数量变化对当期的大连养老政策数量有显著正向影响。（2）当期的辽宁省养老政策数量系数为0.411603，P 值小于0.05，表明它在统计上非常显著，说明辽宁省当期的养老政策数量对大连养老政策数量有显著正向影响。辽宁政策数量的一期、二期滞后项 P 值都大于0.05，没有产生显著影响。

此外，VAR 模型的特征根为 -0.087283 并且小于1，表明 VAR 模型满足稳定性条件，具备预测未来值的有效性。LM 检验的结果表明，在滞后1期和2期时，VAR 模型残差的自相关性不显著，说明残差具有独立性，VAR 模型能够较好地体现变量之间的动态关系，没有遗漏重要的信息。用来检验模型残差是否服从正态分布的 Jarque-Bera 检验结果的 JB 统计量是0.569，P 值为0.75255（大于0.05），表明 VAR 模型的残差服从正态分布。格兰杰因果关系检验的卡方统计量为113.01，相应的 P 值小于0.05，意味着在 VAR 模型中包含的自变量中至少有一个是目标变量的格兰杰原因。

向量自回归模型的结果表明，国家层面的政策数量变化对大连市的养老服务政策数量具有延迟影响效应。具体来说，国家层面的政策在变化大约两期的时间之后，才能在大连市的养老服务政策数量上体现出显著的影响。大连市的养老服务政策数量在某种程度上会显著受到辽宁省当期政策数量的直接影响，表明地方政策很好地响应了省级层面政策的变化。VAR 模型的结果揭示了养老服务政策制定中不同层级的政策数量之间的协同变化关系，体现出一个地方的养老服务政策与上级政府的政策变动有着密切联系的特性。

2. 大连市养老服务政策呈现出四个主题演化阶段，具有从养老服务专题政策向综合政策转变的发展趋势。将大连市158个有关养老服务的政策进行归纳，从年份、政策名称、养老服务政策内容、关键词四个方面予以总结并形成文本数据。根据该文本数据总结2000~2024年大连市养老服务政策的主题，将其划分为以下四个主题阶段。

（1）早期阶段（2000～2005年）。2000～2003年的政策重点在于为下岗职工在养老服务行业中提供再就业的机会，通过社会保险补贴和小额贷款担保等手段，支持下岗失业人员进入养老服务行业工作。2005年引入了货币化补贴政策，支持特困老年人的居家养老和机构养老服务，开始更加关注困难老年人的实际养老需求。

（2）发展阶段（2006～2010年）。2006年的政策内容涵盖了家庭养老、机构规范化管理、老年人权益保护等多个方面，同时也着手完善养老保险体系，探索构建多元化老年服务体系。2008～2010年的政策注重居家和社区养老服务的发展，通过政府补贴、资助养老床位等措施，促进养老服务体系建设，特别是在加快建设社区养老服务中心和扩展养老服务范围方面出台较多政策内容。

（3）深化阶段（2011～2015年）。2011～2012年的政策强调通过社区养老服务中心建设、养老服务产业化等措施，提升养老服务的质量和效率。2013～2015年的政策重点关注医养结合、信息化、服务业高质量发展等方面，着力于持续提升养老服务的质量，关注老年人的精神文化等高层次需求。

（4）创新阶段（2016～2024年）。2016年的政策注重养老服务多元化创新发展，强调社区居家养老服务的公开督办，增加服务透明度；探索区域性金融中心建设，提升商业养老保险的服务能力；通过土地供应计划来满足养老服务设施的建设需求；加强医养结合，提升养老服务机构的医疗服务能力；鼓励社会投资进入养老服务行业，提高服务的多样性。

2017年的政策强调养老机构服务的标准化、专业化发展；建立医疗联合体，推动基层医疗服务与养老服务的深度融合；探索拓展养老保险资金投资渠道，促进多元化养老保障服务。2018年的政策侧重于推广智慧养老服务，鼓励外资进入养老服务行业并开展相应的行政审批改革。2019～2020年的政策聚焦于养老服务机构的疫情防控，鼓励采用无接触服务、远程医疗服务等新模式，以应对养老服务业面临的疫情风险。2021年的政策继续强调养老服务质量的提升和规范化建设，开展养老机构星级评定，关注养老护理人才的选拔和技能提升，以支持养老机构的高质量发展。2022年继续推动养老服务质量的提升，强化养老服务行业人才的培养；继续加强医疗与养老服务的结合，提升居家养老服务水平，加大社区养老服务设施的建设力度。2023年的政策重点实施社会组织抽查审计，提升养老服务中心的监管水平；持续推进养老机构星级评定工作，进一步开展养老服务规范化建设；推广智慧养老服务平台，深化医疗卫生与养老服务的融合。2024年的政策加大了对居家养老服务的支持，为老年人提供更多的养老服务内容。

以上政策演化过程反映了养老服务政策从最初的就业促进，逐渐转向服务质量和效率的提升，特别是通过不断鼓励技术与服务创新，来满足老年人日益增长的多元化养老需求。政策的重点也从单一的养老服务提供，扩展到包括服务质量、可获取性、技术应用等多个维度，体现了社会老年学整合理论所强调的多维度视角，以期建立一个更加全面高效的养老服务体系。

此外，根据以上文本数据文件，将政策文件区分为“以养老为主题的政策”和“非养老主题的政策”。前者政策标题直接出现“养老”关键词，被视为养老服务专题政策；而后者只是在部分政策条款中体现养老内容。这两类政策的发展情况用图7.2来表示。

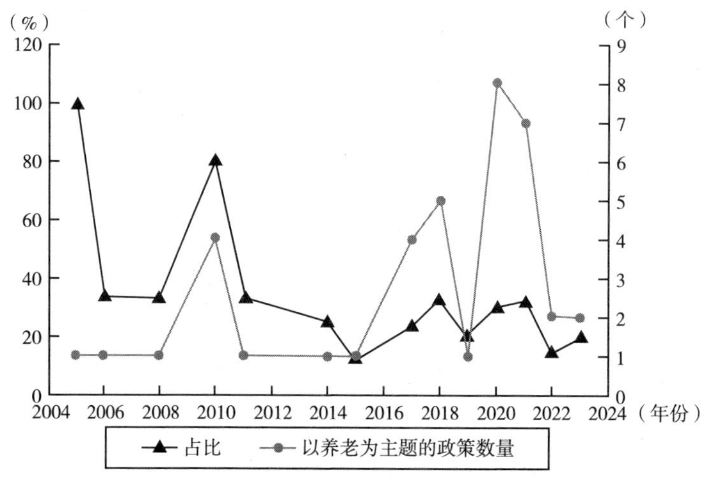

图7.2　大连养老服务主题政策发布数量占比变化

图 7. 2 的结果表明，大连市出台的标题中有“养老”关键词的政策数量占当年有关养老政策的比例整体上呈现出波动下降的趋势，除了在 2005 年、2010 年占比高达 80% 以上，其他年份都在 40% 以下，2018 年和 2021 年占比相对较高，在 30% 以上。

从长期趋势来看，养老服务内容被整合到其他类型的政策中，而不再是单独出台的专题政策，反映了一个更加全面和综合的政策制定方法，因为随着养老服务体系的不断成熟，不需要像早期那样频繁地出台新的专题政策，而是更多地侧重于综合执行和完善现有政策。这一政策制定方法与社会老年学整合理论提倡的跨领域、多维度的方法相一致，体现了养老服务的政策与卫生政策、经济发展政策、社区建设政策等相结合的特点，以期在更为宏观的层面上解决老年人的需求。

二、大连市养老政策的文本分析

1. 大连市的养老政策在很大程度上与社会老年学整合理论中的六个维度的内容相契合，其中经济因素、个人健康状况是当前政策体系中的主要关注点。根据社会老年学整合理论六个维度中包含的内容，经过分词后形成了 117 个关键词，在大连市的 158 个有关养老服务政策文本中提取这些关键词，判断各个维度的内容是否在政策中得到体现，统计出体现关键词的政策数量。因为存在“非养老主题的政策”，为了判断这些关键词与养老主题是否有紧密关系，采用文本挖掘中的词共现分析，判断政策文本中每个关键词与“养老”这个关键词的共现频次（范围在前后 10 个词内）。将得到的政策数量和词共现频次结合，绘制图 7. 3。由于“机构”“居家”“社区”三个关键词与“养老”的词共现频次分别为 1845 次、711 次和 686 次，远高于其他关键词的词共现频次，为了让关系图正常显示，在绘制图形时将这三个关键词的数据剔除。

文本分析的结果显示，在社会老年学整合理论六个维度的 117 个关键词中，有 84 个关键词在大连市的 158 个有关养老服务政策的文本中出现，

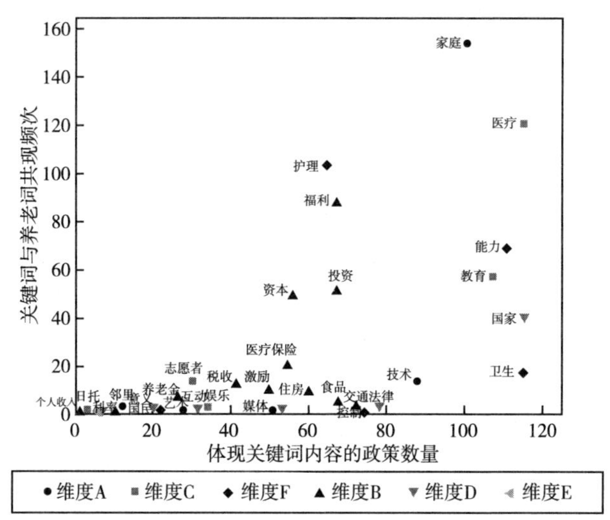

图 7.3 社会老年学整合理论六维度在大连市养老服务政策的体现

从总体上看 71.8% 的关键词在政策文本中找到匹配关系，意味着大连市的养老服务政策在很大程度上涵盖了社会老年学整合理论提出的关键内容，反映了目前出台的养老服务政策内容与理论之间有较强的契合度。

在这 84 个关键词中，与“养老”存在词频共现关系的词有 40 个，在社会老年学整合理论六个维度中都予以体现。出现频率最高的是维度 B(宏观、微观经济环境和个人资产)，占比为 32.5%，说明大连市的养老服务政策在很大程度上关注了经济环境对老年人的影响。维度 A(家庭、宗教、文化传统和期望) 和维度 F(个人遗传、生理和心理状况) 的出现频率相同，都是 17.5%，表明大连市的养老服务政策同样重视老年人的家庭和社会环境，以及他们的个人身体健康状况。

维度 C(公共政策、卫生服务和社会支持系统以及政府计划) 和维度 D (地位、权力和社会分层等社会结构) 的出现频率也相同，各占 15%，反映出养老服务政策在公共卫生服务、社会支持、社会结构等方面都表现出来均衡的关注程度。维度 E(剩余历史背景) 的关键词出现频率最低，仅有 2.5%，意味着当前养老服务政策较少关注历史背景对老年人的影响，或者这一领域在实际政策制定中相对不突出。大连市的养老服务政策在社会老年学整合理论不同的维度上都展现出不同程度的关注，尤其强调了经济因素和个人健康状况在养老服务中的重要性，这反映了当前大连市养老政策制定的优先领域，也为未来政策的发展趋势判断提供了分析基础。

根据图 7.3 的结果，“家庭”与“养老”关键词的共现频次最高，表明当前家庭在大连市养老服务政策中扮演着核心角色，这个政策重点的产生与老年人优先选择居家养老的决策密切相关。“医疗”和“护理”在政策中出现频次相对较高，并且与“养老”有较多的共现，说明健康护理也是当前养老服务政策的重要组成部分。“国家”这一关键词的共现频次显示，国家政策层面的作用在大连市的养老服务政策体系中具有重要地位。维度 C 中的“教育”出现频次较高，结合维度 F 中“能力”的高频次结果，表明在养老服务政策中，如何提升老年人的知识水平和生活能力也是一个重要的议题。

“福利”“投资”“资本”在政策数量和共现频次两个方面都居于中间位置，说明经济相关的内容在养老政策中较为重要。“技术”在政策数量上排名较高，同时共现频次也有一定数量的展现，说明政策在一定程度上也重视引导新技术来改善养老服务水平。

“艺术”“利率”“个人收入”这些维度内容的政策数量和共现频次都是 1，是最低的结果，意味着在大连市的当前养老服务政策中，这些主题还不是主要的关注点。虽然艺术和文化活动对老年人的生活质量有着积极影响，但目前在政策文件中还未得到足够的强调。

“控制”“民族”“营养”“伤害”这些关键词的政策数量稍多，但共现频次仍然较低，表明虽然它们在政策中有所体现，但与“养老”关键词的直接关联性不强。例如，“营养”和“伤害”与老年人的健康直接相关，但它们还没有成为政策制定的重点。“志愿者”和“邻里”虽然共现频次不高，但政策数量适中，说明社会参与和社区养老服务在政策制定中已经得到较多关注。

“交通”“娱乐”“日托”这些关键词的共现频次为 3，显示出与养老政策的某些方面有一定的相关性。例如，交通对老年人的独立性非常重要，娱乐和日托服务影响着老年人的生活质量，但这些方面在大连市养老服务政策制定中还未成为政策的重点内容。

当前大连市养老服务政策的重心主要集中在如何提高老年人的医疗保健水平、改善养老服务质量，以及为老年人提供经济上支持等方面。然而，根据共现频次低但政策数量较多的维度，未来的政策制定可能会更加注重文化、社交活动、法律支持、财务规划、长期护理需求、生活环境、基础设施等方面。

2. 大连市养老服务政策从一定程度上体现出生命历程视角的政策工具理论。大连市出台的各种措施，如发展居家养老服务、推进社区养老服务、完善养老机构服务供给（2014 年政策），为城市失能、半失能老年人建设家庭养老床位（2023 年政策），都是为了适应老年人在生命历程中的不同需求。特别是 2022 年的政策中，大连市提出了全面推进健康城市建设的目标，并特别强调了把全生命周期健康管理理念贯穿城市规划、建设、管理等各个环节，体现了对个体从出生到衰老各阶段健康需求的综合考虑，符合生命历程视角的政策工具理论提出的关注个人早期经历对其后续生命阶段的持续影响，并在政策制定中贯穿了个体的整个生命过程的要求。

3. 大连市养老服务政策从公私伙伴关系、养老道德、“第三个年龄”等方面体现了福利经济学的理论内容。大连市养老政策通过发展公办和非营利性养老机构，一方面实施公办养老机构服务质量提升工程，政府承担了提供基本养老服务方的责任，保证了养老服务的基本保障和服务水平；另一方面鼓励养老服务产业的发展，通过加快形成产业集聚区提供更多的养老服务选择，促进了私人部门在养老服务中的作用，增加市场在养老服务提供中的比重。这些政策符合福利经济学中提倡的公共和私人部门在提供养老服务中承担共同责任的精神。

随着时间的推移，大连市的养老服务政策逐渐从侧重于机构养老转向强调居家养老的重要性，推出多元化的居家养老服务项目，反映了政策演变对老年人居家养老需求日益增长的认识和响应，体现了社会对老年人养老方式的道德考量，更加重视老年人的个人偏好和家庭内部的互惠原则，促进了家庭内部的代际互助与支持。

此外，大连市养老服务政策还强调为老年人提供参与教育和终身学习的机会，通过发展针对老年人的健康管理和疾病预防服务，支持老年人保持健康，使得老年人有能力参与社会活动，享受充实的退休生活。同时鼓励老年人参与社区服务和志愿活动，为他们提供参与社会、贡献经验和维持社会联系的机会，这也与“第三个年龄”期望老年人活跃参与社会生活的观点相吻合。

三、大连市养老政策制定的实践经验

1. 注重系统规划和顶层设计，将政策目标定位在形成一个协调一致、覆盖全面的养老服务体系。大连市制定了一系列有关养老服务的发展规划，例如《大连市城乡社区养老服务中心建设发展三年规划》《大连市老龄事业发展规划纲要（2014－2020 年）》《大连市国民经济和社会发展第十四个五年规划和二〇三五年远景目标纲要》等，不仅涵盖养老服务的短期目标，也设定了中长期的发展愿景，从建设布局、产业指导等方面，对大连市养老服务事业发展作出整体政策安排，推动了养老服务体系的持续发展。

多项政策提出要构建“以居家为基础、社区为依托、机构为补充”的多层次养老服务模式，协调发展家庭、社区和机构养老，加强农村、城镇养老服务一体化发展，强调统筹城乡资源，构建覆盖全域、系统化、现代化的养老服务体系。

2. 逐渐将政策重点从传统的机构养老转向居家养老服务，重视发展社区养老、居家养老等服务模式。2000～2024 年，大连市养老服务政策经历了从重视机构养老向强调居家和社区养老服务转型的过程。这一政策侧重点的变化，是大连市应对人口老龄化、适应居民养老需求的表现，也体现了政策与养老实际情况高度契合的特点。进入 2000 年，大连市养老服务政策的重点是构建规范化的机构养老服务体系，通过制定养老机构管理规范，设立专项资金补贴机构养老服务，加强对养老机构的规范化建设。到2010年，大连市提出以居家为基础、以社区为依托的养老服务模式，加强社区养老服务中心的建设力度。在2011年以后，政策进一步明确将居家养老作为重点，出台了多个支持居家和社区养老服务发展的政策。特别是在疫情防控期间，居家养老成为保障老年人生活的主要形式，因此近三年的政策继续强调发展居家和社区相结合的养老服务模式。这一政策转变顺应了家庭化、社区化的养老服务需求，有利于引导社会力量参与养老服务供给，提供覆盖面更广、服务形式更灵活的多元化养老服务。

3. 养老服务政策强调政府发挥的主导作用，但也从各种途径来充分调动社会各界力量参与养老服务。大连市养老服务政策在坚持政府主导作用的同时，也在不同发展阶段采取多种方式鼓励和支持社会力量广泛参与养老服务事业，形成强大合力推动养老服务得到长足发展。早期的政策虽然强调政府主导养老服务体系建设和顶层设计，但也着手培育社会力量，支持其投资兴办养老机构。中期阶段的政策继续强调政府主导，开始采取公建民营等模式大力引入社会资本，降低其准入门槛。近几年来的政策继续强调政府主导的体系建设，但通过大力推动公办养老院改革，采用政府购买服务等多种方式积极引导社会力量深度参与到养老服务业中。

第三节　养老服务政策理论的检验与实践启示

一、理论检验结果

第一，养老服务政策的制定内容呈现出与社会老年学整合理论六个维度的高度契合，在时间纵向维度上，省、市与国家在养老政策发布数量形成了协调一致的格局，政策从关注较少维度逐步发展到涉及多个维度的结果，越来越倾向于制定更为综合的政策来解决养老难题。

第二，养老服务政策的逐步演化过程中，体现出从老年人全寿命周期的生命历程理论视角，关注不同年龄阶段老年人的养老需求。

第三，养老服务政策体现了福利经济学理论的多个方面，旨在通过公私合作提高养老服务的供给和质量，同时重视老年人的生活质量和社会参与。

对于社会老年学整合理论，未来可以综合不同学科的知识和研究结果，例如经济学、社会学、医学、心理学等，重点分析这些领域之间的交叉和相互作用对制定和实施养老政策的影响。面对老龄化社会的新挑战，未来的研究还需要关注政策的适应性和创新，包括跨部门合作、政策协调和新养老模式的探索。从六个维度评估现有养老服务政策的效果，使用大数据分析方法来评估政策的成效，推动养老服务资源的有效使用，并不断调整政策内容以应对养老的新需求。

从生命历程理论视角来看，未来养老服务政策要从生命早期开始，重点关注居民健康生活方式的养成、慢性病的预防措施，以及老年期各种疾病的早期筛查和干预等，减少老年期健康问题的发生，以降低养老服务需求的强度和成本。

从福利经济学的角度出发，未来需要探讨如何实现养老服务政策在效率和公平之间的平衡，特别是如何保障社会弱势群体能够获得必要的养老服务支持。研究政策如何减少社会经济差异对老年人福祉的影响，实现养老服务的公平性。关注人工智能等先进技术政策如何促进老年人的社会参与、独立生活和终身学习，同时确保技术的应用不会加剧社会在养老资源分配方面的不平等。

未来的养老服务政策要研究代际间的养老责任和期望，在年轻一代与老年人之间建立公平的责任和资源分配机制，探讨代际支持网络的构建、家庭内部的互惠关系，以及公共政策如何促进代际合作与支持等方面。

根据“第三个年龄”的概念内涵，未来的研究还应关注如何通过政策促进老年人的社会参与，在反思和重构老年人的社会角色的基础上，支持他们的终身学习、自我实现和贡献社会。

此外，在制定和执行养老服务政策的过程中，必须深入考虑伦理和道德问题，在养老服务政的策制定过程中，要充分尊重老年人的意愿和选择，通过程序设定来保障老年人意见的充分表达，保护老年人的自主权和尊严，以提高养老服务政策的社会福利水平。

二、实践启示

第一，在制定养老服务政策时，要综合考量社会老年学整合理论六个维度的内容。未来在制定养老服务政策时，需要全面考虑社会老年学整合理论六个横向维度的内容。例如在家庭和文化维度，养老服务政策制定中要尊重老年人的家庭结构、文化背景等，支持家庭内部养老的需求，融入老年人的文化传统。在经济维度，需要考虑不同经济水平老年人的需求，制定针对性的支持政策。在公共卫生服务和社会支持维度，要强化社会支持系统在老年福利保障中的作用。在社会结构维度，要减少社会分层对老年人养老资源分配的不利影响。在剩余历史维度，探索从个人生命历程的角度来形成信息，为养老服务政策制定提供决策依据。在个人特质维度，要关注老年人的个体差异，体现养老服务政策上的灵活性和针对性。

第二，养老服务政策要从老年人的全生命周期出发关注老年人在不同生命阶段的独特需求。通过跨学科的合作来深入研究老年人在不同生命阶段的生理、心理等需求，为政策制定提供决策依据。养老服务政策要尽可能覆盖老年人从中年过渡到老年的各个阶段，不仅关注老年人的当前需求，还要预见和规划未来可能面临的挑战。同时探索出台通过教育活动提高全社会对养老规划意识的政策，将养老规划纳入生活技能教育，让年轻人从早期就意识到养老规划的重要性。逐步构建一个从年轻时期开始就涵盖健康管理、财务规划、职业发展、终身学习等多方面的综合养老服务体系，支持个人在不同生命阶段进行有针对性的养老准备。

第三，养老服务政策应充分考虑所有利益相关者的影响，从最大程度上保障政策能够普遍提升社会福利。要识别出养老服务政策涉及的所有利益相关者，包括老年人、家庭成员、养老机构、医疗卫生机构、志愿者等，为这些利益相关者提供参与政策讨论和制定的有效途径，使得所有利益相关者的意见得到充分考虑。根据各方的意见，设计灵活且包容的养老服务政策措施，分析政策变化对不同群体的潜在影响，建立持续的监督和评估机制，定期检查养老服务政策的执行效果，同时要及时收集各方面的反馈信息，确保政策能够持续提升老年人群体的福利。

参考文献

［1］ 加里·S. 贝克尔. 人力资本（第3版）［M］. 北京：机械工业出版社，2016.

［2］ 邬沧萍，姜向群. 老年学概论（第3版）［M］. 北京：中国人民大学出版社，2015.

［3］ Achenbaum W. A.，Bengtson V. L. Re-Engaging the Disengagement Theory of Aging：On the History and Assessment of Theory Development in Gerontology［J］. The Gerontologist，1994，34（6）：756－763.

［4］ Alkema G. E.，Alley D. E. Gerontology's Future：An Integrative Model for Disciplinary Advancement［J］. The Gerontologist，2006，46（5）：574－582.

［5］ Antonucci T. C.，Johnson，E. H. Conceptualization and Methods in Social Support Theory and Research as Related to Cardiovascular Disease［M］//Shumaker S. A.，Czajkowski S. M. Social Support and Cardiovascular Disease. The Springer Series in Behavioral Psychophysiology and Medicine. Boston，MA：Springer，1994.

［6］ Asiamah N. Social Engagement and Physical Activity：Commentary on Why the Activity and Disengagement Theories of Ageing May Both Be Valid［J］. Cogent Medicine，2017，4（1）：1－3.

［7］ Barrett A. E.，Pai M.，Redmond R. "It's Your Badge of Inclusion"：The Red Hat Society as a Gendered Subculture of Aging［J］. Journal of

Aging Studies, 2012, 26 (4): 527 - 538.

[8] Bigonnesse C., Chaudhury H. The Landscape of "Aging in Place" in Gerontology Literature: Emergence, Theoretical Perspectives, and Influencing Factors [J]. Journal of Aging and Environment, 2020, 34 (3): 233 - 251.

[9] Black K. Health and Aging-in-Place: Implications for Community Practice [J]. Journal of Community Practice, 2008, 16 (1): 79 - 95.

[10] Bookman A. Innovative Models of Aging in Place: Transforming Our Communities for an Aging Population [J]. Community, Work & Family, 2008, 11 (4): 419 - 438.

[11] Boss P., Bryant C. M., Mancini J. A. Family Stress Management: A Contextual Approach (3rd Ed.) [M]. London: Sage Publications, 2016.

[12] Bryant C. M., Awosan C. I. Conceptualizing Family Stress: A Trend Toward Greater Context [M] //Adamsons K., Few A. L., Proulx C., et al. Sourcebook of Family Theories and Methodologies: A Dynamic Approach. Cham: Springer International Publishing, 2022: 99 - 117.

[13] Burt R. S. The Network Structure of Social Capital [J]. Research in Organizational Behavior, 2000, 22 (11): 345 - 423.

[14] Carmeli, E., Bita I., Joav M. Assistive Technology and Older Adults [M] // Rubin, I. L., Merrick, J., Greydanus, D. E., et al. Health Care for People with Intellectual and Developmental Disabilities Across the Lifespan. Cham: Springer, 2016: 1465 - 1471.

[15] Carp F. M., Carp A. A Complementary Congruence Model of Well-Being or Mental Health for the Community Elderly [M] // Altman M. P., Lawton W. Human Behavior and Environment: Elderly People and the Environment. New York: Plenum Press, 1984: 279 - 336.

[16] Chen K., Chan A. H. S. Gerontechnology Acceptance by Elderly Hong Kong Chinese: A Senior Technology Acceptance Model (STAM) [J]. Ergonomics, 2014, 57 (5): 635 - 652.

[17] Cockerham W. A. Health Lifestyle Theory and the Convergence of Agency and Structure [J]. Journal of Health and Social Behavior, 2005, 46: 51 -67.

[18] Czaja S. J., Lee C. C. The Impact of Aging on Access to Technology [J]. Universal Access in the Information Society, 2007, 5: 341 -349.

[19] Davis F. D., Bagozzi R. P., Warshaw P. R. User Acceptance of Computer Technology: A Comparison of Two Theoretical Models [J]. Management Science, 1989, 35 (8): 982 -1003.

[20] DeLiema M., Bengtson V. L. Activity Theory, Disengagement Theory, and Successful Aging [M] // Pachana N. Encyclopedia of Geropsychology. Cham: Springer, 2015.

[21] Elder G. H. Life Course Perspective [M] // Ritzer G. The Blackwell Encyclopedia of Sociology (4th Ed.). Malden, MA: Blackwell, 2006: 2634 - 2639.

[22] Elder G. H. The Life Course and Human Development [M] // Lerner R. M. Handbook of Child Psychology: Vol. 1. Theoretical Models of Human Development. New York: Wiley, 1998: 939 -991.

[23] Elder G. H. The Life Course in Time and Place [M] // Heinz W. R., Marshall V. W. Sequences, Institutions and Interrelations Over the Life Course. New York: Aldine de Gruyter, 2003: 57 -71.

[24] Frederic B., Maslow A., Herzberg F., et al. Motivation and The Meaning of Work [M] // Daniel K., Scott L. Organizational Behaviour (Fourth Edition). London: Oxford University Press, 2022.

[25] Gamper M. Social Network Theories: An Overview [M] // Klärner A., Gamper M., Keim K. S., et al. Social Networks and Health Inequalities. Cham: Springer, 2022.

[26] Gauld R. Principal-Agent Theory of Organizations [M] // Farazmand A. Global Encyclopedia of Public Administration, Public Policy, and Governance. Cham: Springer, 2018.

[27] Guner H., Acarturk C. The Use and Acceptance of ICT by Senior Citizens: A Comparison of Technology Acceptance Model (TAM) for Elderly and Young Adults [J]. Universal Access in the Information Society, 2020, 19 (2): 311-330.

[28] Hanson V. L. Influencing Technology Adoption by Older Adults [J]. Interacting with Computers, 2010, 22 (6): 502-509.

[29] Havighurst R. J., Neugarten B. L., Tobin S. S. Disengagement, Personality and Life Satisfaction in the Later Years [M] // Hansen P. Age with a Future. Copenhagen: Munksgaard, 1963.

[30] Hendricks J., Hatch L. R. Lifestyle and Aging [M] // Binstock R., George L. K. Handbook of Aging and the Social Sciences (5th Ed.). San Diego, CA: Academic Press, 2006.

[31] Iecovich E. Aging in Place: From Theory to Practice [J]. Anthropological Notebooks, 2014, 20 (1): 21-32.

[32] Jean L., Sheila G. Disengagement Theory [M] // Kristen L. M. Gerontological Nursing: Competencies for Care. Sudbury: Jones and Bartlett Publishers, Inc, 2006.

[33] Jean L., Sheila G. Subculture Theory [M] // Kristen L. M. Gerontological Nursing: Competencies for Care. Philadelphia: Jones and Bartlett Publishers, Inc, 2006.

[34] Jensen L. User Perspectives on Assistive Technology: A Qualitative Analysis of 55 Letters from Citizens Applying for Assistive Technology [J]. World Federation of Occupational Therapists Bulletin, 2014, 69 (1): 42-45.

[35] Junde L., Qi M., Alan H. S., Chan S. S. Health Monitoring Through Wearable Technologies for Older Adults: Smart Wearables Acceptance Model [J]. Applied Ergonomics 2019, 75: 162 - 169.

[36] Kahana E., Kahana B., Riley K. Person-Environment Transactions Relevant to Control and Helplessness in Institutional Settings [M] // Hart S. G.,

Staveland L. E., Hancock P. A., et al. Advances in Psychology. Amsterdam: North-Holland, 1988, 57: 121 - 153.

[37] Kim K., Gollamudi S. S., Steinhubl S. Digital Technology to Enable Aging in Place [J]. Experimental Gerontology, 2017, 88 (12): 25 - 31.

[38] Larsen S. M., Mortensen R. F., Kristensen H. K., et al. Older Adults' Perspectives on the Process of Becoming Users of Assistive Technology: A Qualitative Systematic Review and Meta-Synthesis [J]. Disability and Rehabilitation: Assistive Technology, 2019, 14 (2): 182 - 193.

[39] Lawton M. P., Brody E. M., Saperstein A. R. A Controlled Study of Respite Service for Caregivers of Alzheimer's Patients [J]. The Gerontologist, 1989, 29 (1): 8 - 16.

[40] Lawton M. P., Nahemow L. Ecology and the Aging Process [M] // Eisdorfer C., Lawton M. P. Psychology of Adult Development and Aging. Washington, DC: American Psychological Association, 1973: 619 - 674.

[41] Leschke M. A Critique of Welfare Economics [M] // Luetge C., Mukerji, N. Order Ethics: An Ethical Framework for the Social Market Economy. Cham: Springer, 2016.

[42] Litwin H. Social Network Type and Morale in Old Age [J]. The Gerontologist, 2001, 41 (4): 516 - 524.

[43] McClelland D. C. Testing for Competence Rather Than for "Intelligence" [J]. American Psychologist, 1973, 28 (1): 1 - 4.

[44] McClelland K. A. Self-Conception and Life Satisfaction: Integrating Aged Subculture and Activity Theory [J]. Journal of Gerontology, 1982, 37 (6): 723 - 732.

[45] McCreadie C., Tinker A. The Acceptability of Assistive Technology to Older People [J]. Ageing & Society, 2005, 25 (1): 91 - 110.

[46] Nahemow L., Lawton M. P. Toward an Ecological Theory of Adaptation and Aging [M] //Wolfgang F. E. P. Environmental Design Research. London:

Routledge, 2016: 24 -32.

[47] Nakagawa T., Noguchi T., Komatsu A., et al. Aging-in-Place Preferences and Institutionalization Among Japanese Older Adults: A 7-Year Longitudinal Study [J]. BMC Geriatrics, 2022, 22 (1): 66 -74.

[48] Özsungur F. A Research on the Effects of Successful Aging on the Acceptance and Use of Technology of the Elderly [J]. Assistive Technology, 2022, 34 (1): 77 -90.

[49] Parker M. A. Social Network Theory [M] // Farazmand A. Global Encyclopedia of Public Administration, Public Policy, and Governance. Cham: Springer Nature, 2023.

[50] Parra C., Silveira P., Far I. K., et al. Information Technology for Active Ageing: A Review of Theory and Practice [J]. Foundations and Trends in Human - Computer Interaction, 2014, 7 (4): 351 -448.

[51] Patterson J. M. Integrating Family Resilience and Family Stress Theory [J]. Journal of Marriage and Family, 2002, 64 (2): 349 -360.

[52] Peek S. T. M., Luijkx K. G., Rijnaard M. D., et al. Older Adults' Reasons for Using Technology While Aging in Place [J]. Gerontology, 2016, 62 (2): 226 -237.

[53] Peek S. T. M., Wouters E. J. M., Van H. J., et al. Factors Influencing Acceptance of Technology for Aging in Place: A Systematic Review [J]. International Journal of Medical Informatics, 2014, 83 (4): 235 -248.

[54] Porter C. E., Donthu N. Using the Technology Acceptance Model to Explain How Attitudes Determine Internet Usage: The Role of Perceived Access Barriers and Demographics [J]. Journal of Business Research, 2006, 59 (9): 999 -1007.

[55] Richard E., Darrell L. H., Andrew S. The Welfare Economics of Public Policy: A Practical Approach to Project and Policy Evaluation [M]. London: Edward Elgar Publishing, 2005.

[56] Rosenwohl A., Schumacher K., Fang M. L., et al. Experiences of Aging in Place in the United States: Protocol for a Systematic Review and Meta-Ethnography of Qualitative Studies [J]. Systematic Reviews, 2018, 7 (1): 1-7.

[57] Rowe J. W., Kahn R. L. Successful Aging [M]. New York: Pantheon Books, 1998.

[58] Sanjeev M. A., Surya A. V. Two Factor Theory of Motivation and Satisfaction: An Empirical Verification [J]. Annals of Data Science, 2016, 3 (2): 155-173.

[59] Schneeweiss C. Distributed Decision Making [M]. Cham: Springer Science & Business Media, 2012.

[60] Schulz R., Heckhausen J. Aging, Culture, and Control: Setting a New Research Agenda [J]. The Journals of Gerontology Series B: Psychological Sciences and Social Sciences, 1999, 54 (3): 139-145.

[61] Simone P., Tina I. A. Family Systems [M] // Gordon J. G. A. Comprehensive Clinical Psychology (Second Edition). Amsterdam: Elsevier Science Publishing, 2022: 185-201.

[62] Tang F., Lee Y. Social Support Networks and Expectations for Aging in Place and Moving [J]. Research on Aging, 2011, 33 (4): 444-464.

[63] Thant Z. M., Chang Y. Determinants of Public Employee Job Satisfaction in Myanmar: Focus on Herzberg's Two Factor Theory [J]. Public Organization Review, 2021, 21 (1): 157-175.

[64] Townsend D., Knoefel F., Goubran R. Privacy Versus Autonomy: A Tradeoff Model for Smart Home Monitoring Technologies [C]. 2011 Annual International Conference of the IEEE Engineering in Medicine and Biology Society. IEEE, 2011: 4749-4752.

[65] Vanleerberghe P., De Witte N., Claes C., et al. The Quality of Life of Older People Aging in Place: A Literature Review [J]. Quality of Life Research, 2017, 26 (7): 2899-2907.

［66］ Venkatesh V.， Bala H. Technology Acceptance Model 3 and a Research Agenda on Interventions ［J］. Decision Sciences，2008，39（2）：273－315.

［67］ Venkatesh V.， Davis F. D. A Theoretical Extension of the Technology Acceptance Model：Four Longitudinal Field Studies ［J］. Management Science，2000，46（2）：186－204.

［68］ Verbrugge L. M.， Jette A. M. The Disablement Process ［J］. Social Science & Medicine，1994，38（1）：1－14.

［69］ Vern B. Handbook of Theories of Aging（2nd Ed.） ［M］. Cham：Springer Publishing Company，2009.

［70］ Vroom V.， Porter L.， Lawler E. Expectancy Theories ［M］ // John B. M. Organizational Behavior. London：Routledge，2015：94－113.

［71］ Walters G. D. Three Existential Contributions to a Theory of Lifestyles ［J］. Journal of Humanistic Psychology，1998，38（4）：25－40.

［72］ Wenger G. C. Social Networks and Gerontology ［J］. Reviews in Clinical Gerontology，1996，6（3）：285－293.

［73］ Wherton J.， Sugarhood P.， Procter R.， et al. Co-Production in Practice：How People with Assisted Living Needs Can Help Design and Evolve Technologies and Services ［J］. Implementation Science，2015，75（10）：1－10.

［74］ Wiles J. L.， Leibing A.， Guberman N.， et al. The Meaning of "Aging in Place" to Older People ［J］. The Gerontologist，2012，52（3）：357－366.

［75］ Wilson C. M.， Arena S. K.， Boright L. E. State of the Art Physiotherapist-Led Approaches to Safe Aging in Place ［J］. Archives of Physiotherapy，2022，12（1）：17－29.

［76］ Yi H.， Ng S. T.， Chang C. M.， et al. Effects of Neighborhood Features on Healthy Aging in Place：The Composition and Context of Urban Parks and Traditional Local Coffeeshops in Singapore [J]. BMC Geriatrics, 2022, 22 (1): 1 -18.

[77] Yusif S., Soar J., Hafeez B. A. Older People, Assistive Technologies, and the Barriers to Adoption: A Systematic Review [J]. International Journal of Medical Informatics, 2016, 94: 112 -116.